책하고 놀자

책하고 놀자
독서 프로그램과 축제 기획 매뉴얼북

초판 1쇄 발행 2013년 12월 20일 **초판 3쇄 발행** 2015년 11월 10일
지은이 박형섭 **펴낸이** 이영선 **편집 이사** 강영선 **주간** 김선정
편집장 김문정 **편집** 김종훈 김경란 하선정 김정희 유선 **디자인** 정경아 이주연
마케팅 김일신 이호석 김연수 **관리** 박정래 손미경 김성환

펴낸곳 서해문집 **출판등록** 1989년 3월 16일(제406-2005-000047호)
주소 경기도 파주시 광인사길 217(파주출판도시) **전화** (031)955-7470 **팩스** (031)955-7469
홈페이지 www.booksea.co.kr **이메일** shmj21@hanmail.net

박형섭 © 2013
ISBN 978-89-7483-630-6 13600
값 12,000원

이 도서의 국립중앙도서관 출판시도서목록(CIP)은 e-CIP 홈페이지(http://www.nl.go.kr/ecip)에서
이용하실 수 있습니다.(CIP제어번호: CIP2013026742)

책하고 놀자

독서 프로그램과 축제 기획 매뉴얼북

박형섭 지음

서해문집

들어가며

도서관에 처음 간 때는 국민학교 2~3학년으로 기억합니다. 도서관 이용법을 배우러 견학을 갔는데 책을 보러 간 것이 아니라 건물을 보러 간 것이었습니다. 처음 만난 도서관은 무서운 곳이었습니다. 뛰어서는 안 되고 떠들어도 안 되고 기침이나 재채기도 마음놓고 할 수 없는 지옥 같은 곳이었지요. 거기서 일하는 분들은 모두 험한 얼굴을 하고 괴물 같은 모습으로 앉아 있었습니다.

중·고등학교 시절의 도서관은 공부하는 곳이었습니다. 시험 무렵이면 새벽 다섯 시에 일어나 친구들과 정독도서관을 다녔습니다. 대기표를 받고 한참 줄을 서 기다리다가 점심 무렵에야 입장료를 내고 들어갈 수 있었죠. 그러고는 밥을 먹고(국물만도 팔았습니다. 유부 2~3개가 들어갔는데 50원 정도였어요) 잠시 수다 떨다가 가져온 책을 몇 페이지 뒤적거리다 보면 졸음이 쏟아지죠. 새벽부터 설쳐댔으니 당연했습니다. 잠을 깬다는 핑계로 다시 정원으로 나와 친구들과 또 수다 떨다가 "오늘은 공부가 안되네" 하고 집으로 오곤 했습니다. 그러면서도 정독도서관 정원에서 바라본 경복궁의 모습이나 계절마다 달라지는 벚꽃, 장맛비, 함박눈의 냄새에 소년의 꿈도 함께 익어갔습니다.

도서관을 나오면서 '자료 열람실'이라고 쓰인 곳에 가면 책이 많다는 사실을 처음 알았습니다. 소년의 꿈은 대학생이 되어 자료 열람실에 들어가 영어, 수학 참고서가 아닌 책을 실컷 읽는 것이 되었습니다. 그리고 꿈을 이루었습니다. 학교 강의를 빼먹고 도서관에서 하루 종일 책을 읽고 나오면 어깨가 으쓱해졌습니다.

소년은 중년의 아저씨가 되어 가족들과 그곳을 다시 찾았습니다. 아이들에게 그때 보았던 경복궁의 모습이며 (경복궁은 똑같은 모습으로 그 자리에서 저를 내려다보았습니다) 계절의 냄새를 이야기해주었습니다. 도서관은 단지 책을 읽고 공부하는 장소에 머문 것이 아니라 삶의 한 부분을 차지하며 미래의 꿈을 키운 장소였습니다.

제가 책과 관련된 일을 하게 될 줄은 꿈에도 몰랐습니다. 그저 아이들을 좋아하고 기획과 상상하는 일이 즐거울 따름이었죠. 우연한 기회에 출판사 대표님의 권유로 독서캠프를 시작하게 되었고 축제와 독서 교육프로그램을 만들며 단지 머릿속에서만 생각했던 일들이 현실에서 하나씩 구현되는 모습이 매우 재미있었습니다.

헨리 반다이크의 〈무명교사 예찬론〉에 이런 말이 있습니다. "전투에서 이기는 것은 위대한 장군이로되 전쟁에 승리를 가져오는 것은 무명의 병사로다." 전국의 도서관과 학교를 다니면서 무명의 병사를 많이 봤습니다. 그 흔한 빔프로젝터 하나 없는 시설에서 서가에 종이를 붙여놓고 강연을 들었습니다. 찌는 듯한 무더위 속에 열 평 남짓한 작은 도서관 안에서 서로 엉덩이를 맞대고 책 만들기 체험을 했습니다. 아이들은 눈을 크게 뜨며 즐거워했고 사서 선생님들은 열정으로 가득 차 있었습니다. 그동안 만난 작가, 출판사 직원, 도서관 선생님, 독서단체 활동가들 어느 분 하나 헛된 사람이 없었습니다. 책을 통해 만난 사람은 모두 소중한 사람들입니다.

제가 사랑했던 것은 책이 아니고 책을 사랑한 '사람'이었습니다. 그래서 그동안의 소중한 만남을 미련한 글로 적어보았습니다. 이제야 비로소 제가 무슨 일을 해왔는지 정리가 되네요. 아빠가 대체 정확히 무슨 일을 하는지 아직도 헷갈리는 준성, 진성 두 아들과 묵묵히 응원해주신 부모님, 아내에게도 감사드립니다. 항상 격려하며 힘이 되어준 친구들에게도 고마운 마음을 전합니다.

2013년 겨울이 시작될 때
북서울 夢林 서재 '너와나'에서
저자 씀

STEP 하나　독서 프로그램 기획

- 들어가며 ··· 4
- 프롤로그 ··· 10
- 책을 왜 읽지? ··· 25
- '책' 친구들 찾기 ······································ 33
- 도서관 프로그램의 특징 ························ 37
  - 하나, 지역 교육의 중심
  - 둘, 실험 교육의 중심
  - 셋, 평생 교육의 중심
- 어떤 프로그램을 만들까요? ················· 43
  - 하나, 재미나게요
  - 둘, 내가 주인공이다
  - 셋, 경쟁을 부추겨라
- 주변 정보 활용하기 ······························· 48
  - 아이디어의 보고, 시장
- 반응이 좋았던 프로그램 ······················ 61
  - 미션 북파서블
  - 건축 마을을 만들어라
  - 책표지 바꾸기
  - 우리 마을 책지도 만들기
  - 무박이일 12시간 책 읽기
  - 어린이 책 영화제
- 자주 하는 프로그램에 대한 소소한 이야기 ········ 80
  - 원화가 아닌 '동화 원화전'
  - 스펙 쌓기가 아니오. '독서 골든벨'
  - 만나서 뭐하죠? '저자(작가)와의 만남'
  - 나도 가수요, 북콘서트
  - 잠만 자다 가나? 독서캠프
  - 튀어야 벼룩이지, 책 벼룩시장
  - 누구와, 어디로, 어떻게 가든 즐거운 '문학기행'
- 출판사에 대한 궁금증 ··························· 102

축제를 하세요 STEP 둘

축제는 과정이다 ·········· 111
축제 기획자의 조건 ·········· 117
    일할 때는 어떻게 해야 할까요?
    머릿속에는 무엇을 담아야 할까요?
축제의 첫걸음 ·········· 126
    언제, 어디서 할까요?
    누가 할까요?
    축제 이름 정하기
    축제 일정 짜기
    무엇을 하면서 놀지? – 프로그램 부분
    축제에 놀러 오세요 – 홍보 부분
    시설 알아보기
    좋은 축제, 나쁜 축제

삼인삼색 북토크 STEP 셋

김정연, 황수경, 윤성진 ·········· 174

프롤로그

세계에서 하나뿐인 책의 도시, 파주출판도시에는 책을 좋아하는 많은 분이 찾아옵니다. 체험학습을 하러 온 학생은 물론 학교 선생님과 도서관 관계자 그리고 책과 직접 관련되지 않더라도 책 콘텐츠를 활용하고자 하는 각 분야의 문화 기획자들을 만날 수 있습니다.

방문객들에게 출판도시를 안내하고 책 만드는 과정을 소개하는 것도 제가 즐겨 하는 일인데요, 한번은 이런 일이 있었습니다. 강남구의 도서관에서 학생들이 견학 왔을 때였습니다. 책 만드는 과정을 설명하는데 큰 눈을 깜박거리며 유난히 질문을 많이 하던 여학생이 있었습니다.

"친구는 책 많이 읽었구나. 학원 다니느라고 바쁠 텐데……." 그러자 소녀는 "저요? 저는 학원 하나도 안 다녀요. 도서관만 다녀요." 순간 깜짝 놀랐습니다. 요즘 학생이 학원을 하나도 안 다닌다니, 특히나 강남에 살면서……. "맞아요. 얘는 도서관만 다니는데, 우리 학교 전교 회장이에요." 함께 온 친구들이 자기 일인 양 자랑했습니다. "아주 멋진 친구구나. 도서관 가는 게 재미있니?" "예, 저는 학교 끝나면 저녁때까지 도서관에만 있어요. 뭐하러 학원에 가요? 도서관에서 강연해주시는 선생님들은 작가님부터 시작해서 아주 유명한 선생님들이라고 하던데요. 아무나 할 수 있는 게 아니라고 들었어요." 소녀는 신이 나서 이야기했습니다. 그리고 동화《책 먹는 여우》의 작가인 비어만과 만나 그림을 교환하고 칭찬받은 이야기를 들려주었습니다. 나중에 들어보니 이 소녀는 강남구에 있는 도서관에서는 모르는 이가 없는 아주 유명한 친구였습니다. 그것도 한 도서관에만 머물러 있는 것이 아니라 여러 도서관을 다니며 자기가 마음에 드는 프로그램을 찾아 즐길 줄 아는 소녀였습니다.

그 후에도 강남 지역의 도서관 강연이나 축제장에서 이 친구를 자주 만났습니다.

이 소녀는 커서 어떤 사람이 될까요? 도서관에서 스스로 책을 찾아 읽으며 자란 학생과 하루에 3~4개의 학원에 다니며 성장한 학생은 어떻게 다를까요?

대학생이 되어 토론을 시켜보면 금세 알 수 있습니다. 도서관을 자주 드나든 아이는 어릴 때의 풍부한 독서량이 밑바탕이 되어 무한한 상상력과 정확한 논리력으로 단연 두각을 나타냅니다. 단편적인 지식의 양 정도로는 앞으로 펼쳐질 미래에 대처하지 못합니다.

왜냐하면 지식이라는 건 인터넷에 다 나와 있기 때문입니다. 어느

● 문자의 발달과 대나무책(죽간) 만들기 프로그램
학교보다 편하고 학원보다 유익한 곳이 도서관입니다.

장소에서나 어느 때나 손동작 하나면 모든 것을 알 수 있는데 구태여 외울 필요가 있습니까? 여러분은 외우고 있는 전화번호가 몇 개나 있습니까? 핸드폰에 단축키와 검색키로 번호를 찾아 전화를 하지 외워서 하는 경우는 없지요.

입사시험의 흐름이 바뀌고 있습니다. 회사에서 인재를 보는 관점이 달라집니다. 학벌을 보던 시대에서, 영어 점수를 중요시하다가 그다음은 스펙으로 넘어갔습니다. 앞으로는 무엇이 중시될까요? 바로 창조력과 원만한 대인 관계입니다. 이제 이 두 가지가 기업과 사회가 요구하는 인재상이 될 것입니다. 우리나라처럼 한정된 자원을 가진 나라가 무엇으로 경쟁하겠습니까? 풍부한 상상력의 원천인 문화밖에는 없겠지요. 미래의 지도자는 모든 분야에서 뛰어난 사람이 아닙니다. 계층 상하 간, 다양한 생각을 가진 사람 간에 원활한 소통과 이해를 할 수 있는 사람이 지도자가 되어야 합니다. 아무리 좋은 정책이더라도 추진 과정에서 제대로 소통을 하지 못해 실패한 사례를 많이 보지 않습니까?

모두가 스티브 잡스의 성공을 높이 평가하고 그를 닮고 싶어합니다. 그가 우리나라에서 태어났다면 성공했을까요? 불우했던 환경, 학교 중퇴, 다른 동료들은 거들떠보지도 않는 독선과 고집 등 어느 것 하나 우리가 생각하는 성공의 조건과는 맞는 게 없지요. 그가 대한민국에서 태어나지 않은 것이 인류의 큰 복일지도 모릅니다. 엄친아나 범생이만이 성공한다는 우리의 시각을 버려야 합니다.

테스트 방법도 변화하고 있습니다. 한자리에 모인 수험자들에게 노트북을 하나씩 주고 과제를 부여합니다. 시험 응시자는 그 주제에 대해 정해진 시간 내에 자료를 만들어 발표해야 합니다. 인터넷을 검색하든, 발로 뛰며 시장조사를 하든, 자료 작성방법은 자기 마음대로입니다. 과제 내용은 엉뚱하고 기발한 것들입니다. 정답이 없는 것이죠. 예를 든다면 '서울광장에 두 시간 내로 첫돌이 된 아기 천 명을 모을 수 있는 방법은?', '우리나라에 필요한 주유소 개수는?' 같은 문제입니다. 응시자는 창의적이고 논리적인 내용의 자료를 만들어 평가자를 설득해야 하고 평가자는 자료와 발표 태도를 통해 그 사람을 평가하게 됩니다.

이런 평가 방법에서 좋은 결과를 얻는 사람은 결국 평소에 책을 많이 읽고 충분한 사색을 한 사람일 수밖에 없습니다. 얼마만큼 창의적이냐, 그 내용에 대해 얼마나 자신 있게 상대방을 이해시키느냐가 관건입니다.

이 시험방법이 문과생에게만 유리한 것은 결코 아닙니다. 이과생이라면 알고 있는 전문적인 지식을 남에게 얼마나 쉽게 설명하느냐가 중요한 것이죠. 오히려 토끼와 거북이의 경주 이야기에서 거북이가 이길 수밖에 없었던 과학적인 이유를 그럴듯하게 댄다면 이런 친구가 당연히 더욱 높은 점수를 받습니다.

이런 시험이 심사하기가 어려울 것 같지요? 공정성이 의심될까요? 아닙니다. 실제 제가 심사를 한 적이 있었는데 좋은 발표 내용

은 청중이 먼저 압니다. 웃음과 감탄의 소리, 박수 소리가 자연스럽게 나옵니다. 당연히 점수가 좋게 나올 수밖에 없고, 나온 결과에 대해 모두가 동의합니다. 좋은 점수가 나온 수험자의 발표 내용은 하루아침에 만들어지는 게 아니죠. 가르쳐주는 학원도 없습니다. 학창 시절의 풍부한 독서와 생각하는 힘이 켜켜이 쌓여 만든 결과입니다.

입사시험, 진학시험, 학교시험 등 모든 시험을 이런 방법으로 내야 합니다. 이런 훈련을 많이 해야 강한 나라의 지도자가 탄생하게 될 것입니다.

최근 우리 주위에 도서관이 많이 만들어졌습니다. 아직도 많이 부족하긴 합니다만 그래도 예전에 비하면 좋아졌죠. 도서관 개관 행사가 많아질 때마다 가슴 뿌듯합니다. 그런데 시설에 대한 예산은 그럭저럭 확보해 개관을 했는데 장서 구입 예산은 없어 텅 빈 서가가 대부분입니다.

그러다 보니 책을 기증받으려는 분들로부터 출판사로 문의가 많이 옵니다. 좋은 뜻에서 기증하는 것은 절대로 필요합니다만, 가끔 기증을 요청하는 기관이 그럴 정도가 아닌 큰 곳인 경우가 있어 당황하곤 합니다. 오히려 출판사가 더 영세한데, 주객이 바뀐 모양새

● **파주출판도시의 전시 프로그램**
책을 읽는 것에서 그치지 않고 책 속의 내용과 관련된 전시, 공연 등 각종 프로그램을 만날 때 책은 더욱 재미있어집니다.

●● **파주출판도시 헌책방 보물섬**
헌책은 추억입니다. 앞서 읽은 이의 체취를 온전히 느낄 수 있습니다. 그리고 그 안에서 또 다른 '나'를 만날 수 있습니다.

입니다.

'책은 기증받는 것'이라는 생각이 모두에게 은연중에 녹아 있습니다. 도서관이나 문고, 그 밖의 여러 곳에서 책을 무료로 빌려 볼 수 있다 보니 그동안 책을 너무 가벼운 상품으로 본 것이 아닌가 생각됩니다. 다른 것은 훔쳐도 되지만 책 도둑은 도둑도 아니라는 말도 이런 풍토를 키웠습니다.

책 행사 중 가장 흔한 것이 기증행사입니다. 다 읽은 책, 읽지 않는 책을 기증받아 책이 필요한 사람에게 나누어주자는 것이죠. 취지는 그럴듯합니다만 모인 책의 상태가 다른 이에게 다시 주기는 어려운 책들이 대부분입니다. 저는 지금까지 새 책을 구해 기증한 적은 있어도 제 책장의 책을 기증해본 적은 한 번도 없습니다. 모두 아끼는 것들이기 때문입니다.

파주출판도시에 있는 헌책방 보물섬이야말로 이런 기증의 취지와 책을 아끼는 사람들의 정신이 오롯이 녹아 있는 곳입니다. 아름다운가게에서 운영하는 이 헌책방에서 특히 눈길을 끄는 곳은 '추억의 코너'입니다. 기증받은 책을 자원봉사자들이 정리하는데 그 과정에서 책 속의 숨은 보물이 발견됩니다.

우리도 책 속에 무엇을 남겨두고 잊어버릴 때가 있지요. 돈은 물론이고 곱게 물든 단풍잎, 앙상하게 남은 낙엽, 그리운 이에게 보내는 편지, 빛바랜 사진, 메모장 등 다양한 이야깃거리가 나옵니다. 책방에서는 이것을 모아 소중한 추억을 함께 기증해주셨다는 내용과 함께 전시하고 주인을 기다립니다. 만일 추억의 주인공이 자기 것을 확인하면 어떤 느낌일까요(물론 옛 애인과 찍은 사진이 나와 곤란한 지경에 처할 수도 있지만요).

　책은 단순한 종이 뭉치가 아닙니다. 읽고 난 책은 단순히 사용하고 남은 상품에 불과한 것이 아닙니다. 지식의 전달, 인식의 변화 등 책의 고유 목적 외에 다른 의미가 있습니다. 그 책 안에 사진이나 편지, 메모를 적어놓는다면 그 책은 읽은 이의 분신이 됩니다. 책을 읽을 당시의 상황이나 느낌, 생각이 조그만 메모장에 오롯이 담겨 있습니다. 자기를 학대하는 사람이 어디 있겠습니까? 읽은 책은 자기가 이 세상에 남겨놓은 흔적이죠.

　또한 책 한 권에는 글 작가와 그림 작가, 편집자, 디자이너, 인쇄와 제본, 유통 관계자 등 수 많은 사람들의 땀이 배어 있습니다. 책이 가벼워지면, 즉 지식인이라는 것을 과시하는 거실 장식용이거나 값싼 매대에서 떨이 상품으로 취급되는 것에 불과해지면 우리 출판문화의 발전은 없습니다. 책을 소중히 다루고 아끼면 출판종사자들도 함부로 대충 만들지 못할 것입니다. 좋은 양서가 계속 나올 것이고 그 혜택은 결국 우리 독자에게 돌아온다는 것을 잊지 말아야 합니다.

독서
프로그램
기획

문화 프로그램을 기획한다는 것은 결코 쉬운 일이
아닙니다. 만들어야 할 우리가, '만든다'는 기획에
관한 교육을 받아본 적이 없기 때문입니다. 그것도
책에 관한 프로그램이라니……. 좋은 책을 골라 읽고
감명받으면 그만이지 또 무슨 프로그램을 진행해야
하는가, 막막하기만 합니다.

그럼에도 불구하고 도서관과 학교에서 수많은 프로그램이
진행되고 있는 것을 보면 사서 선생님들이 정말 대단하다는
생각을 해봅니다. 하지만 그러다 보니 대부분의 프로그램이 서로
비슷해서 높아만 가는 이용자들의 눈높이를 맞춰주기가 여간
힘들지 않습니다.

이에 관해 도서관과 책 축제 현장에서
느꼈던 경험을 토대로 제 생각을
말씀드리고자 합니다. 아, 저는 도서관이나
교육, 또는 출판 분야를 전공하지 않은
순수한(?) 비전문가임을 먼저 밝힙니다.
단지 축제와 프로그램을 구성하는
문화 기획자로 잔머리가 조금 있다는
것뿐입니다.

책을 왜 읽지?

가장 본질적인 문제에서부터 시작하죠. 왜 아이들에게 책을 읽으라고 할까요? 독서가 아이들에게 알려줄 가장 근원적인 메시지가 무엇일까요? 여러 가지가 있겠지만 저는 두 가지를 꼽고 싶습니다.

> **하나, 상상력과 창의력의 계발**
> **둘, 비판할 수 있는 능력 키우기**

독서를 통해 이 두 가지를 다 만족시키면 좋겠지만 적어도 하나는 충족시켜야 합니다.

첫 번째, 상상력과 창의력 계발은 프로그램 대부분의 목표입니다. 스토리텔링, 책 속 주인공과 관련된 다양한 체험 등이 이에 해당합니다. 때문에 이 프로그램들을 구상할 때는 참가자들의 상상력이 얼

마나 높아질까를 염두에 두면 좋습니다. 그런 프로그램들일수록 만족도가 높습니다.

상상력과 창의력에 대해서는 독서 분야 말고도 여러 교육 분야에 다양한 프로그램들이 있지요. 창의수학, 창의과학, 창조경영까지. 상상, 창의, 창조라는 단어가 지배하는 시대가 되었습니다. 이것도 유행처럼 지나갈지도 모르지만 책은 그 모든 것을 아우릅니다.

이 프로그램을 진행할 때의 난센스가 있습니다. 창의체험을 하면서 강사 선생님이 이렇게 얘기합니다. "자, 여기를 보세요, 이것을 이렇게 해서 저렇게 해야 예쁜 작품이 나와요. 그러니까 여기 그려진 대로 똑같이 해보세요." 이게 무슨 개그콘서트입니까?

그런데 이렇게 되는 이유는 강사 책임이 아닙니다. 부모님들 때문입니다. 부모님들은 아이가 정형화된 멋진 작품을 만들어오길 기대하죠. 그것도 아주 짧은 시간에. 아이가 글을 잘 못 쓰거나 엉뚱한 그림을 그리면 화부터 냅니다. 본인의 취향에 맞지 않으니까요. 상상에 관한 프로그램에 참여시켜놓고 아이가 상상한 작품을 만들어 오면 화를 내는 이상한 일이 일어나죠. 부모님의 이런 반응에 강사는 당연히 자유롭지 못합니다. 어른 흉내 내는 글, 기본 모델과 똑같은 미술 작품이면 칭찬합니다. 이래서는 창의 프로그램이 될 수 없지요. 아이들을 많이 풀어주어야 합니다.

● **강남북페스티벌 우리 동네 도서관 그리기**
도서관에서 책과 함께 자란 아이는 다릅니다. 상상력과 창의력이 여기에서 시작됩니다.

우리가 그렇게 입이 닳도록 떠들어대는 '책을 읽자'는 말에 아이들은 어떤 반응일까요? 어릴 때 공부를 하려다가도 부모님께 공부하라는 말을 먼저 들을 때면 괜히 공부하기가 싫어진 경험은 누구라도 있었을 것입니다.

저는 우리가 아이들에게 너무 독서를 강요하는 것은 아닌지, 그래서 아이들이 책을 읽으려다가도 괜한 반항심에 일부러 책을 멀리하는 것은 아닌지 걱정이 될 때가 많습니다. 책의 목적이 '지식과 경험의 전수'라면 그 목적을 이루기 위해서라면 굳이 책이 아니어도 상관없지 않을까요.

영화 감상, 음악, 여행, 만남을 통해 얻은 직접적인 경험이 더욱 소중한 것임은 두말할 필요가 없습니다. 직접적인 경험을 못 하니까 책을 통해 간접 경험을 하는 것이죠. 여기에 포인트가 있습니다. 등산을 통해 온몸으로 느낄 수 있는 감동을 전해주기 위해 산으로 데려갈 생각은 안 하고 아이들에게 산에 관한 책을 읽고 느껴보라고 강요하는 것은 아닌가요? 이렇게 되면 당연히 책에 대한 거부감부터 들죠. 아이들이 가장 싫어하는 숙제가 무엇일까요? 1위가 독후감, 2위가 일기입니다.

책이 매개물이 아니고 목적물이 되니 아이들이 힘들어하는 것입니다. 처음부터 책을 읽자고 강요하지 말고 상상력을 펼칠 수 있는 장을 만들고 그 구체적인 방법을 책에서 찾게 해야 합니다.

도서관 주간, 독서의 달, 책의 날, 독서축제 등이 다가오면 선생님

책을 통해 쌓은 지식과 상상의 힘을 발휘할 기회를 마련해 주는 것이 무엇보다 중요합니다.

파주출판도시 문발동 헌책방골목
책은 모든 문화를 아우릅니다. 책을 통해 다양한 예술인을 만날 수 있습니다.

들의 머리가 아파집니다. 뭔가 새로운 것을 해야 하는데 그게 그거고, 작년에 했던 프로그램을 또 하자니 성의가 없다고 할 것 같고, 여기저기 자문하시죠.

새로운 독서프로그램을 만드는 것을 매우 힘들어하십니다. 당연한 일입니다. 왜냐하면 책에 관한 프로그램을 짜려고 하니, 즉 책을 먼저 보게 되니까 어려운 것입니다. 책을 읽고 그것에 맞는 프로그램을 짜려고 하지 마세요. 재미있고 유익한 활동을 보고 거기에 맞는 책을 찾으면 훨씬 쉽고 좋은 프로그램을 만들 수 있습니다.

예를 들어 동네에 뻥튀기 아저씨가 있다고 합시다. 이분은 '뻥이요'라는 말을 외치기 전에 동물 소리를 흉내 내고 기계 안의 쌀을 튀기는 시간에 우스갯소리로 기다리는 시간을 지루하지 않게 합니다. 모두가 좋아하는 분이죠. 그렇다면 이 아저씨와 뻥튀기를 어떻게 프로그램에 끌어들이느냐는 것을 고민하면 됩니다.

《토끼 뻥튀기》(정해왕, 길벗어린이)란 책이 있습니다. 감이 오십니까? 뻥튀기 기계 모형을 갖다놓고(그림이라도 좋습니다) 조그만 물건을 넣고 커지면 어떤 모습이 될지, 또 여러 개를 함께 넣고 튀기면 어떤 새로운 것이 나타날지 그려보게 하세요. 아저씨를 초청하여 책을 읽고 뻥튀기를 하고(진짜로 하면 난리 날 테니 입으로 해야겠죠 ^^) 튀밥을 다 함께 나눠 먹으며 서로 그린 그림을 이야기합니다. 어떻습니까? 아이들에게 이 책은 머릿속에 계속 남아 있습니다. 상상과 창의력을 높이는 목적이 들어갔습니다. 재래시장 활성화와 지역 경제

살리기에도 일조했습니다. 프로그램에 참여하면 먹을 것을 주니 참여 열기도 뜨겁고 어른들도 옛 향수에 젖을 수 있습니다.

세상 도처에 프로그램거리가 널려 있습니다. 책을 먼저 보지 마세요. 재미있는 놀이를 찾고 다음에 적당한 책을 대입하시면 창의 프로그램 기획의 고수가 됩니다.

두 번째, 비판력 키우기는 독서토론, 글쓰기 등을 통해 이루어지지요. 보통 청소년 때부터 이런 프로그램들이 효과적으로 이루어집니다. 풍부한 상상력을 바탕으로 논리적인 비판을 할 수 있는 자세를 갖추고 나아가 다양성을 수용할 수 있는 경지까지 오르게 한다면 가장 이상적인 독서 교육프로그램이 되겠지요.

초등학생에게는 비판과 토론이라는 것이 다소 부담되는 분야가 아닌가 생각됩니다. 학생들 간에 편차도 있고 상대방의 의견을 존중하거나 설득하는 방법에 대한 이해가 부족해 자칫 감정만 상하기 쉽습니다.

딱딱하지 않은 진행과 쉬운 주제로 재미있게 이끌어가는 것이 중요합니다. 우리가 자주 논쟁하는 사형 제도, 개발과 보존 등 시사 문제는 물론 정몽주와 이방원, 김상헌과 최명길 등 역사 속 인물들의 입장과 토끼와 거북이, 심청전 등 누구나 아는 이야기로도 다양한 토론을 이끌 수 있지요. 여기에서 중요한 건 누구 의견이 옳은가가 아니고 '왜' 그런가겠죠? 그리고 2주 후에 반대 의견을 주장할 수 있도록 책을 찾아 읽어 오게 하면 저자의 논지를 정확히 파악할 수 있는 능력이 생길 것입니다.

'책' 친구들 찾기

인간이 만든 최고의 발명품은? 바로 문자입니다. 그리고 문자를 통해 지식과 경험을 책으로 남겼습니다. 덕분에 우리는 시행착오 없이 편리하게 살아가고 있습니다. 책도 생산과 소비가 엄연히 따로 존재하는 상품입니다.

　상품을 사용하는 사람을 소비자라고 하지만 책을 소비하는 사람은 '독자'라고 부릅니다. 여느 상품과 비교해서 소비자가 문화적 수준이 있는 특수한 계층이며 이에 관련된 분야가 많습니다.

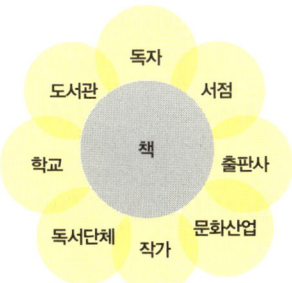

'책 읽는 강남' 선포식
마을을 바꾸고 지역 문제를 해결하는
데에 항상 도서관이 앞장섭니다.

모두 책과 관련된 주변 환경입니다. 책을 좋아하고 많이 읽는 각 분야의 고수들이 한 집단을 형성하고 있으며 모두 지식인들입니다. 대한민국을 지탱하는 힘이죠. 그러다 보니 개성이 강합니다. 집단 내에서도 다양한 목소리가 나옵니다. 하물며 각 분야가 한자리에 모이면 모두 입장이 다를 수 있지요.

　하나의 상품을 갖고 이처럼 다양한 분야가 맞물려 있는 것도 없을 겁니다. 그렇기 때문에 한쪽이 힘을 잃으면 전체가 삐걱댈 수 있지요. 프로그램을 구성할 때도 마찬가지입니다. 바로 옆의 분야를 최대한 이용해야 합니다. 한 분야만을 놓고 보니 어렵습니다. 작가 관련 분야만을 보지 말고 출판사를 직접 겨냥하거나 독서단체와 친분을 쌓아놓는 등 많은 친구를 만들어놓는 것이 중요합니다.

　예전에는 출판사의 고객은 독자가 아니었습니다. 서점이었죠. 그리고 작가 관리만 잘하면 책은 저절로 팔렸습니다. 이제는 독자가 주인입니다. 독자가 작가가 되고 출판사가 되기도 합니다. 그리고 그들이 도서관 이용자입니다.

　파리의 고서점 '셰익스피어앤컴퍼니'에 이런 글이 있지요.

"낯선 이를 냉대하지 마라. 천사일지도 모르니"

　그렇습니다. 도서관 이용자 중에 작가가 있고 전문 강사가 있을 수 있습니다. 해답을 먼 데서 찾지 마십시오. 평일에 도서관에서 이러저런 책을 늘어놓고 열심히 자료를 찾는 사람의 직업은 무엇일까요? 십중팔구 강사나 작가입니다. 지금 이 글을 쓰고 있는 도서관제 옆 자리 분도 작가인 듯싶습니다. 탑에 관한 책을 많이 펴놓으셨네요. 이분에게 절의 탑 강연을 맡기면 됩니다. 서울의 조그마한 아파트 도서관에서 축제를 했는데 그것을 본 주민 중에 방송국 기자가 있어 크게 홍보가 된 일이 있었습니다. 숨은 고수를 찾는 것. 이 또한 사서 선생님들의 몫입니다. 그런데 왜 지금까지 숱하게 다닌 우리 동네 도서관에선 절 몰라줄까요?

도서관 프로그램의 특징

 어떻게 보면 도서관에서 책 프로그램을 만든다는 것이 말이 안 될 수도 있습니다. 책을 만든 사람이 그에 관한 프로그램도 만들어야 하는 것이 아닐까요? 그 책이 추구하는 바를 제일 잘 알 테니까요. 그리고 책을 통한 교육이 목적이라면 학교에서 만들고 진행하면 되는 것 아닌가요? 도서관은 전문 교육기관도 아니고 책을 만드는 생산자도 아닙니다. 그럼에도 도서관 이용자들은 이제 책의 대출에서 벗어나 수준 높은 프로그램 진행을 원하고 있습니다. 보유 장서 숫자보다 프로그램 내용을 보고 도서관을 평가합니다.
 도서 구입이야 예산 확보 여부에 따라 달라지지만 진행 프로그램은 관장을 비롯한 사서 선생님들의 열정과 이용자들의 높은 참여 의식이 없으면 절대 불가능합니다.
 제천기적의도서관은 이런 면에서 제가 본 최고의 도서관이었습니다. 이런 곳은 이용자들의 표정부터 다릅니다. 아이들의 웃음소리가 끊이지 않고 모두가 행복해합니다. 도서관이 재미있을 수밖에 없지요. 친구들이 있고 자기가 만든 작품이 전시되어 있기 때문에 이용자가 아니라 주인이 됩니다.

특히 어르신들의 활동이 두드러진 것이 인상적이었습니다. 보통 할머니들의 동화구연 정도가 일반적인 데 반해 이곳은 할아버지들께서 적극적으로 임하시는 게 특별했습니다. 별채에 사랑방을 만들어 옛날이야기를 하고 각종 체험을 진행하시며 도서관 앞 밭도 일구시는 등 도서관에 대한 애정이 어느 정도인지를 피부로 느낄 수 있었습니다.

그럼 어떻게 하면 좋은 프로그램을 만들 수 있을까요?

확실한 것은 도서관 프로그램은 다른 기관과는 다르게 기획되고 운영되어야 합니다.

하나, 지역 교육의 중심

학교라면 정해진 교육 과정대로 전국의 모든 학교가 똑같이 움직이지만 도서관은 아니지요. 운영하는 방식은 물론이고 주변 환경이 모두 다르기 때문에 프로그램도 달라야 합니다.

정부의 여느 사업마다 항상 들어가는 낱말, '차별화'입니다. 좋습니다. 우리 학교, 우리 도서관에서는 무엇으로 차별화하시렵니까? 지역으로 차별화해야 합니다.

바다와 관련된 심화 내용을 산속 깊숙이 있는 도서관에서 할 필요는 없지요. 그보다는 자연환경, 인물 등 특화된 주제를 발굴하여 전국에서 가장 전문화된 대표적인 프로그램을 만들어야 합니다. 가장 친숙한, 그래서 이용자가 가장 이해가 빠른 주제를 잡으세요.

우리 지역이 고구마로 유명한 곳이라면 우리 도서관은 고구마에 관한 전문적인 도서관이 되어야 합니다. 고구마에 관한 세계 각국의 책과 자료를 모아 별도의 열람실을 만듭니다. 요리, 농사, 조각 등 다양한 체험으로 아이들을 고구마 박사로 만드세요. 도서관 이름도 고구마 도서관이라고 하면 더욱 좋겠네요.

그리고 이야기를 만들어나가는 것입니다. 누가 조사한 자료, 누가 기른 고구마, 누가 그린 고구마 그림으로 도서관을 꾸며나갑니다. 지역의 특성을 살린 프로그램은 이용자로 하여금 자부심과 소속감을 느끼게 하여 도서관에 대한 애착이 한층 커질 것입니다. 우리나라 모든 도서관이 주제를 하나씩 잡아 특성화한다면 대한민국 전체가 거대한 하나의 도서관이 될 것입니다. 각자 전문도서관이 되면 다른 지역 학교에서 수학여행을 도서관으로 오게 될 것입니다. 그런 날이 왔으면 좋겠네요.

둘, 실험 교육의 중심

좋은 프로그램을 만들긴 했지만 검증되지 않아 학교에서 도입하지 못하는 경우, 주변 학교와 연계해서 실험해볼 교육 장소가 바로 도서관입니다. 아들 녀석이 초등학생일 때 프린터를 고쳐달라고 난리를 친 적이 있었습니다. 학교 숙제를 출력해가야 한다는 이유 때문이었죠. 학교에서 내준 과제를 보니 어이가 없었습니다. 마그마에 대해 인터넷에서 조사하여 프린트해오라는 것이었습니다. 아이들이 어떻게 숙제를 해갈까요? 유명 포털 사이트의 질문란에 '초등학교 몇 학년인데 마그마에 대한 숙제 자료를 찾는다.'고 하면 답이 뜹니다. 그것을 그대로 복사해서 제출합니다. 그러니까 애초부터 아이들은 마그마엔 관심이 없습니다. 그냥 컴퓨터 게임 전의 몸풀기 정도로만 생각합니다.

저는 이 숙제의 의도가 무엇인지 선생님께 묻고 싶습니다. 가정의 프린터기 성능을 조사하려는 것인지, 아이의 정보 검색 능력을 높이려는 것인지. 만일 후자가 목적이라면 학교라는 것은 존재 이유가 없습니다. 단어 하나만 치면 관련된 모든 것을 보여주는 세상인데 초등학생에게 검색 능력이 무슨 필요가 있겠습니까. 인터넷으로 답을 찾는 숙제를 내주면 안 됩니다. 도서관에서 책을 찾아 조사하고 손으로 쓰게 만들어야 합니다. 쓰지 않으니 성인이 되어서도 글씨가 엉망입니다. 직접 쓰고 발표하게 지도해야 합니다. 그리고 아이들이 스스로 교사가 되게 이끌어줘야 합니다.

고구마 박사가 되어 다른 도서관에 가서 프로그램을 만들고 선생님이 되게 하세요. 아이들은 아이들이 가르칠 때 가장 이해가 빠릅니다. 재미있기 때문입니다. 그리고 자기도 선생님이 되어보고 싶어 하죠. 이런 교육을 할 수 있는 곳이 도서관입니다. "청소년기는 검색

서울 시민청

포스트잇을 예쁘게 붙이는 것만으로도 훌륭한 디자인이 됩니다. 가장 쉬운 것이 가장 훌륭한 것입니다.

어린이 프로그램은 아이들이 호기심을 가질 만한 자료를 끊임없이 만들어야 합니다. 유행에 민감한 아이들과 청소년의 관심이 무엇인지 알아야 합니다.

할 때가 아니고 사색할 때"라는 말이 가슴에 와 닿습니다.

셋, 평생 교육의 중심

학교는 졸업하면 그만이지만 도서관은 그렇지 않지요. 이사만 가지 않는다면 성인이 되고 노인이 되어서도 손자를 데리고 올 수 있는 곳입니다. 유럽의 도서관을 보면서 제일 부러운 것이 고풍스러운 건물입니다. 그 안에 수백 년 된 역사가 살아 숨 쉽니다. 우리 도서관도 이처럼 되기를 바랍니다. 그러려면 도서관 이용자들의 흔적을 남기는 프로그램을 만들어야 합니다.

청년기에 주점이나 찻집 벽에 낙서한 기억이 있을 겁니다. 그곳에 다시 가보고 싶지 않으세요? 그 자리에 수십 년 전의 내 낙서가 남아 있다면 여러분은 어떤 감정을 느끼시겠습니까? 도서관 벽을 책을 읽고 느낀 감동을 바로 적을 수 있도록 완전히 개방해보세요. 도서관 건물이 노후 되었다고, 지저분하다고 새로 페인트칠할 때 그 도서관의 역사도 함께 지워집니다.

엄마가 읽어주는 책을 보던 아이가 노인이 되어 그 자리에서 아이에게 책을 읽어주는 모습을 보고 싶습니다. 공교육이 무너지고 사교육은 가계에 부담이 된다고 난리입니다. 해결책이 무엇일까요? 도서관이 그 해답입니다. 미래의 교육과 문화 산업을 이끄는 선두에 도서관이 큰 역할을 하기를 기대합니다.

어떤 프로그램을 만들까요?

하나, 재미나게요

두말하면 잔소리죠. 그럼에도 또 강조해도 지나침이 없습니다. 아이들이 좋아하는 것은 무조건 가져와서 활용해야 합니다. 그렇게 생각해보면 TV를 무시하지 못하지요. 아이들이 좋아하는 프로그램을 보아야 합니다. TV를 끄고 책을 읽어야 하는데, 재미난 프로그램을 만들려면 TV를 보아야 한다니, 좀 슬픈 얘기지만 할 수 없습니다. 개그콘서트, 런닝맨 등 인기 프로그램을 알아두는 건 필수입니다. 좀 큰 아이들은 아이돌 그룹을 좋아하니 이름도 알아놓아야 하죠.

파주출판도시에서 각 책방을 돌며 미션 게임을 했는데 영화 '미션 임파서블'을 보고 '미션 북파서블'을 만들어 핸드폰으로 과제를 보내고 인증 사진을 찍어 보내라는 프로그램을 만들었습니다. 아이들의 반응이 어땠을까요? 상상에 맡기겠습니다.

재미를 강조하다 보면 교육의 효과가 떨어지지 않을까 하고 우려

하는 시각이 있습니다. 그렇더라도 재미를 우선해야 합니다. 도서관은 학교가 아닙니다. 가장 재미있는 것이 가장 교육적인 것입니다.

둘, 내가 주인공이다

요새 아이들은 자기주장이 뚜렷합니다. 이순신 장군이 어떻고, 김구 선생님이 어떻고 하는 것에서 감동을 느끼지 못합니다. "지금은 조선 시대가 아니잖아요.", "그런데 어떡하라고요." 이런 아이들의 반응에 어떻게 대응해야 할까요?

좀 더 확실한 뭔가를 줘야 합니다. 위인들의 책을 읽고 느낀 점을 이야기시키는 것보다는 자기가 생각하는 위인은 누군지, 위인에 관해 다르게 생각해보기 등 스스로 만들어 남에게 소개하는 프로그램이 더 좋습니다.

그 위인이 누가 되었든 우리가 간섭해서는 안 됩니다. 그렇게 아이들을 인정해주면 됩니다. 단순한 전시회는 재미없어합니다. 아무리 유명한 화가의 작품을 전시해도 시큰둥하죠. 학교에서 체험학습으로 마지못해 가니 감동이 없습니다. 내 것이 아니기 때문입니다. 그런 전시장에서 내가 할 수 있는 것이란 확인서에 도장을 찍는 것

●
재미가 우선입니다. 김 하나만을 갖고도 할 수 있는 놀이가 무궁무진합니다. 놀이 방법을 가르칠 필요가 없습니다. 분위기만 잡아주면 스스로 노는 방법을 개발합니다.

●●
과자로 집 만들기 프로그램 이름은 헨젤과 그레텔입니다. 먹는 즐거움을 겸비한 프로그램이 제일 인기죠.

뿐입니다.

셋, 경쟁을 부추겨라

도서관에서만큼은 경쟁하지 말고 서로 배려하는 것이 좋죠. 맞습니다. 그런데 프로그램을 할 때는 어쩔 수가 없습니다. 모둠별, 개인별로 경쟁심을 자극할 필요가 있습니다. 그래야 재미가 있습니다. 문제는 경쟁 프로그램을 하고 난 다음입니다. 경쟁 다음에는 보상이 당연히 따르죠. 승자와 패자를 어떻게 조화시키느냐가 관건입니다.

우리 아이들은 경쟁에서 이겨야 한다는 것에 극도로 예민합니다. 또 진다는 것에 대해서는 인정하려 하지 않습니다. 부모가 보고 있는 자리에서는 더욱 심각합니다.

경쟁 프로그램 진행 시 가장 중요한 점은 사전에 룰을 철저히 만들어 모두에게 충분히 알리는 것입니다. 그래야 뒷말이 없습니다. 저학년을 배려해야 할 상황이면 시작 전에 먼저 가산점을 주고 시작해야 합니다. 나중에 주면 불만이 나옵니다.

어디를 가나 항상 말썽꾸러기들이 있습니다. 틀리면 다른 친구에게 화를 내거나 떠들고 다투고 하는, 선생님들이 제일 골치 아파하는 녀석들이죠. 많이 나대서 저는 '나대족'이라고 부른 답니다. 이 나대족들은 맨 앞 좌, 우측 가장자리에 주로 포진합니다. 처음엔 질문을 많이 해 강사로 하여금 기특한 녀석이라고 착각을 불러일으킨 후 조금 만만해지면 본색을 드러내며 교실을 휘젓습니다. 자기를 많이 알아달라는 시위이죠. 혼낼 수도 없고 놔두자니 진행에 방해가 됩니다. 저는 축구 심판처럼 옐로카드와 레드카드를 만들어 사용합니다. 경고 카드 두 번이면 퇴장으로, 교실 밖에서 스스로 100까지 세고 들어오게 합니다.

  퇴장하면 자존심도 상하고, 나대는 기회가 없어져 나대족에게는 효과가 크답니다.

  쓰지 말아야 할 단어가 있습니다. 1등, 2등 이런 식으로 숫자가 나오면 기분이 나빠지죠. 피터팬상, 걸리버상 등 상 이름을 이렇게 추상적으로 만드세요. 그리고 상품을 준다면 반전을 주는 게 좋습니다. 상품을 박스에 담아 보이지 않게 하고 먼저 고르는 우선권을 주는 식으로 말입니다. 결국 우리가 아이들에게 가르쳐 줄 것은 배려와 사랑입니다.

주변 정보
활용하기

세상에 완전히 새로운 것은 없다고 합니다. 이미 있던 것들을 변형하고 조합해서 새로운 것을 만들어내는 것이죠. 프로그램도 마찬가지입니다. 프로그램을 만드는 가장 좋은 방법은 축제장이나 도서관에 가서 직접 보고 체험한 후 좋았던 것을 자기 실정에 맞게 변형해서 진행하는 것입니다. 좋게 말하면 '벤치마킹'이고 노골적으로 말하면 '베끼기'죠. 다른 곳과 똑같이 진행해도 상관없습니다. 왜 우리 프로그램을 따라 하느냐고 저작권이나 특허권을 주장할 분은 한 분도 안 계십니다. 오히려 좋았던 프로그램은 서로 알려주고 가르쳐 주는 것이 독서운동계의 덕목입니다.

제가 있는 파주출판도시는 그런 정보를 얻으려고 많은 분이 오십니다. 특히 5월의 어린이책잔치와 9월의 북소리축제 때는 출판도시가 인산인해가 되는데 이 중에는 도서관 사서 선생님은 물론 공무원, 교사, 독서운동가 등 다양한 분이 정보를 얻으러 옵니다.

이분들은 특색이 있습니다. 보통 출판사 책방에 들어오면 책에 눈이 먼저 가기 마련인데 정보 목적으로 오신 분들은 인테리어와 리플릿을 먼저 찾습니다. 프로그램은 직접 참여보다는 반응을 묻습니다. 이럴 때는 출장보고서 때문이냐고 묻지 않는 게 도리이죠. 일선에 계신 분들이 찾아오시면 출판사 관계자들은 누구나 좋아합니다. 축제 때보다 겨울 같은 한가한 때 오면 더욱 많은 정보를 얻을 수 있습니다. 재수가 좋으면 유명한 작가나 출판사 대표 등을 현장에서 바로 소개받는 행운도 얻을 수 있어요.

몇 해 전 어린이책잔치를 맡아 할 때 광주 작은 도서관에서 문화 활동을 하시는 분들이 올라 오셨습니다. 축제를 흠뻑 느끼고자 아예 1박 2일 여정을 짜서 오셨습니다. (축제를 제대로 즐기려면 당일로는 힘듭니다. 이 정도는 돼야죠. 숙박하며 축제장의 밤과 새벽 분위기에 취해보는 특별한 경험은 평생 잊지 못합니다. 특히 파주출판도시같이 특별한 아름다움을 가진 곳에서는 더욱 필요합니다) 출판도시 곳곳을 샅샅이 훑어보고 프로그램에 참여한 것은 물론 가장 중요한 것을 얻어가셨어요. 바로 사람을 얻어가신 것입니다. 전시 기획자, 도서관장, 출판사 대표를 만나 인연을 만들었습니다.

저에게도 대화를 하자고 하셔서 행사 끝난 밤에 허심탄회하게 축제 기획에 대한 이야기를 밤늦도록 할 수 있었습니다. 놀란 것은 이 분들이 하시는 일이 모두 다양하다는 것이었습니다. 음악, 미술은 물론 수의사도 계셨어요. 자기 본업과는 별도로 책을 기본으로 문화 활동을 기획하시는 분들이었습니다. 저에게 더 도움이 된 만남이었습니다. 그때의 소중한 인연을 지금까지 계속 이어오고 있습니다. 바로 광주 작은 도서관 '봄'의 정봉남 관장님입니다.

축제나 행사를 직접 가서 봐야 하는데 현실은 녹록지 않습니다. 시간을 내어 출장 가기란 여간 어렵지 않죠. 저 역시 다른 축제를 볼 시간이 없습니다. 저뿐 아니라 대부분의 기획자가 자기가 맡은 축제나 프로그램을 진행하느라고 다른 것을 보기가 힘듭니다. 그럴 땐 어떻게 할까요?

행사 후 블로그 등을 통해 정보를 얻거나 다녀온 사람이 갖다 주는 사진과 리플릿 등을 통해 간접 정보를 얻습니다. 특히 리플릿을 많이 모아야 합니다. 관련 분야는 물론 연계할 것이 없다손 치더라도 무조건 모으세요. 리플릿에는 그때그때 느낀 소감을 간단하게 적어놓습니다. 좋았던 점, 나쁜 점은 물론 개선이 필요한 점도 적어두면 나중에 도움이 됩니다.

또 디자인이나 재질이 특이한 것뿐만 아니라 오자투성이인 형편없는 것도 모아둘 필요가 있습니다. 구할 여유가 없는 경우는 주최 측에 전화합니다. 어디 어디인데 보내주면 이렇게 홍보하겠다. 배송비는 착불로 보내달라. 이렇게 하시면 마다할 담당자는 하나도 없습니다.

이 리플릿의 용도는 다양합니다. 축제나 프로그램 기획 시 항상 시간이 넉넉지 않죠. 이런 순간에 모아둔 자료가 빛을 발합니다. 좋은 프로그램 발굴은 물론 포스터 등 제작 시에도 요긴하게 쓰일 수 있습니다.

아이디어의 보고, 시장

저는 심심할 때면 주로 시장을 갑니다. 일반적인 동네 시장이 아니고 전문 시장입니다. 마장동의 축산시장, 노량진의 수산시장, 제기동의 약재시장 같은 특화 시장 말입니다. 서울의 가장 큰 매력이 뭐냐고 묻는다면 시장이라고 자신 있게 말하고 싶습니다.

   서울 시내 한복판엔 시장이 있습니다. 전문화된 품목들이 각각 집단을 이루어 도심의 가운데를 차지하고 있습니다. 서울을 움직이는 힘은 여기서 나옵니다. 시청에서 동대문까지 걷다 보면 무궁무진한 소재거리를 만날 수 있습니다. 청계천을 따라 나란히 걷는 것이 아니라 청계천을 내려다보며 옆의 시장 안을 걷는 것입니다.

   시장 구경을 할 때는 '무엇을 봐야겠다'라는 목표를 없애는 것이 먼저입니다. 머릿속을 비우세요. 아무 생각 없이 스펀지처럼 물을 빨아들일 자세만 가지고 갑니다. 인원은 혼자, 아니면 둘이 좋습니다. 그 이상은 방해됩니다. 인원이 많으면 차라리 흩어져 각각 다니는 것이 낫습니다. 준비물은 사진 찍기와 메모할 수 있는 것. 즉 핸드폰 하나면 족합니다.

   시청에서 동대문 방향으로 가다 보면 먼저 청계3가에서 마주하게 되는 품목이 공구와 철제용품입니다. 여기서는 인테리어 소품, 책장, 책수레 등에 관한 아이디어를 얻을 수 있습니다. 대략적인 단가를 알아놓는 것도 도움이 됩니다. 특이한 가게의 명함을 얻는 것은 리플릿의 중요성을 말할 때 강조했던 것 기억나시죠?

이어서 나오는 곳은 조명상가입니다. 세운상가 근처의 이곳에서는 대낮에도 불을 환히 밝혀 둡니다. 아마 절전 운동에서 유일하게 용서되는 지역이 아닌가 싶습니다. 여기를 지날 때마다 상점들의 전기료가 얼마나 나올지 궁금해집니다. 잔뜩 열기를 뿜어내며 환히 밝힌 조명들이 마치 서로 먹이를 달라고 입을 벌리는 새끼 새들 같습니다. 여기를 봐달란 듯이 장관입니다. 재미난 전구를 찾아보세요. 강연장이나 휴게실에 전구 하나를 바꿔 다는 것으로 지역 명소가 될 수도 있습니다.

또 광섬유로 할 수 있는 수많은 체험 거리가 떠오르게 될 것입니다. 그동안 도서관에서 가장 많이 했던 것이 동화 속 주인공 만들기였습니다. 다양한 부자재를 사용해 캐릭터를 만드는 것이지요. 처음엔 단순한 모형 만들기를 했는데 금방 진부해져 다음은 움직이는 것을 했습니다. 버튼을 누르면 소리가 나며 간단한 동작을 하는 것으로요. 그것도 오래 못 갑니다. 다음에 한 것이 바로 이 광섬유를 응용한 만들기였습니다. 주인공 머리카락을 광섬유로 심어놓는다고 생각해보세요. 오색 찬란히 내뿜는 머리카락의 발광(發光)에 아이들은 밤새 잠을 이루지 못할 겁니다. 또 하나 놀라운 것은 이 광섬유가 그리 비싸지 않다는 것입니다. 저렴한 부재료로 재미있는 프로그램을 만들 수 있지요. 발품 판 보람이 있습니다. 저에게 어릴 적 세운 상가는 새로운 전자기기를 구경할 수 있는 최첨단 시장으로 기억됩니다. 이곳을 뒤지면 잠수함이나 인공위성도 만들 수 있다는, 그야말로 대한민국 전자산업의 총아였죠.

이어서 을지로3가와 4가 일대는 인쇄소가 밀접해 있습니다. 좁은 골목마다 인쇄용지가 가득합니다. 그 안에서 인쇄기 돌아가는 소리, 인쇄용지와 완성된 인쇄물을 옮기는 오토바이 소리가 요란합니다. 그 소리의 크기에 따라 경기 동향을 알 수 있습니다. 경기가 좋을 때는 명절 때도 24시간 기계 소리가 들렸는데, 지금 장사가 겨우 유지되는 곳은 점심을 배달하는 식당밖엔 없답니다. 밥은 먹어야 하니까요.

이곳에서 우리가 얻을 수 있는 것은 인쇄에 대한 기초 지식입니다. 라미네이팅(코팅의 일종), 도무송(철형칼)처럼 우리에게는 낯선 단어와 종이의 규격과 종류에 관해 상세히 알 수 있습니다. 이런 것을 알 필요가 없을 듯하지만 나중에 포스터나 리플릿, 기타 홍보물을 만들 때 매우 편합니다. 업체 사람들과 상담할 때도 경력자인 것처럼 보여 무시(?)당하지 않지요. 그리고 우리가 만드는 것이 책과 관련한 것이므로 그 근간이 되는 종이, 인쇄와는 떨어질 수가 없습니다.

출판도시에서도 가장 눈길을 끄는 곳이 우리나라에서 유일하게 운영되고 있는 활판인쇄공방입니다. 예전에 학교에서 시험지를 인쇄하던 실크인쇄를 기억하시나요? 기름종이에 먹으로 그려 원고 작업을 마치고 실크천을 나무틀에 고정한 후 감광제를 사용하여 인쇄하는 방식을 아이들이 무척 신기해합니다. 이런 인쇄를 하기 위한 재료를 파는 곳도 있습니다. 이렇듯 고수가 되는 길은 바로 발로 뛰는 것입니다.

을지4가와 청계5가 사이에는 포장재료 상점이 모여 있습니다. 비닐과 같은 소포장지는 물론 선물포장재, 진공포장재, 쇼핑백 등 다양한 제품을 볼 수 있죠. 특히 관심을 가져야 할 제품은 골판지 박스입니다. 이것을 단순히 택배박스나 보관용으로만 보아서는 안 됩니다. 용도가 무궁무진합니다. 작품 전시 매대, 그림 그리는 판, 안내도 등 여러모로 쓰이죠. 가격이 싸고 재활용이 가능한 반면 야외 설치 시 바람이나 비에 약합니다. 그래도 대세는 재활용 박스입니다.

파주어린이책잔치 때 골판지로 미로를 만든 적이 있습니다. 낮 행사가 끝나고 퇴근하자 밤에 비가 내렸습니다. 제법 비가 많이 내려 미로가 젖어 주저앉을 것으로 예상했습니다. 그런데 설치장에 가보니 웬걸, 미로 전체가 그대로 서 있는 게 아니겠습니까? 종이는 우리

●
골판지 롤입니다. 골판지는 무조건 평평할 거라고 생각하기 쉽습니다. 롤 형태이기 때문에 거기에 맞는 쓰임새가 있습니다.

●●
실도 색상, 굵기, 종류에 따라 수천 가지로 활용할 수 있죠. 잉카의 매듭문자, 선 따라 걷기 등 연관된 프로그램을 생각해 보세요.

●●●
솜을 활용한 서울 시민청의 전시물
우리 주위의 흔한 물건 하나가 축제장이나 전시장에서 훌륭한 소품이 됩니다.

가 생각한 것보다 훨씬 강합니다. 행사 후 폐지로 가져가겠다고 예약하신 어르신이 비에 젖어 무거워진 골판지를 보고 야릇한 미소를 지으시던 모습이 떠오르네요. 골판지의 박스 크기는 물론 색상과 두께도 천차만별이고 박스 형태도 커다란 판지와 롤 형태로도 있으니 쓰임새에 맞게 다양하게 고를 수 있습니다.

청계5가를 넘어서면 동대문종합시장입니다. 볼 것이 더더욱 많아집니다. 지금까지 1층만을 봤다면 이제 건물 층마다 두루 살펴볼 차례입니다. 여기는 의류에 관한 모든 것이 있습니다. 옷감은 물론 단추, 지퍼, 각종 장식용 끈을 파는 상점들이 즐비합니다. 모든 것을 프로그램 소재로 활용할 수 있습니다. 엉뚱한 생각이 많은 분이라면 여기에서 세계적인 설치 미술가가 나올지도 모르겠죠.

제가 활용한 것을 예로 들어보겠습니다. 책의 역사를 알아보는 프로그램을 만들었는데 옷감은 예전의 비단책으로, 끈은 고대의 매듭문자로, 단추는 엽전 꾸러미처럼 축제장에서 통용되는 주화로 사용했습니다. 이런 재료들을 모두 모아 참가자가 모두 함께 큰 그림에 붙이는 퍼포먼스를 한다면…… 그야말로 멋진 프로그램이 될 것입니다.

청계천과 나란히 있는 시장 말고도 반드시 가 봐야 할 곳이 있습니다. 남대문지하상가입니다. 숭례문에서 한국은행 방향 길로 가다 보면 버스 정류장 아래로 상가가 나옵니다. 그리 큰 상가는 아닙니다만 여기가 우리나라를 대표하는 공예와 체험학습 재료 판매터입니다. 유행하는 체험은 여기에서부터 시작됩니다. 약 20여 개의 전문상가가 다양한 공예재료를 판매하고 체험 강사 교육을 합니다. 취미로 배우는 분들도 많습니다.

앞서 말한 것처럼 책을 선택한 후 프로그램을 짜지 말고 재미있는 것들을 먼저 눈여겨보고 책을 대입한다는 원칙을 다시 한 번 강조합니다. 시장을 자주 가세요.

다음은 온라인 부분인데요. 아시다시피 온라인은 정보의 바다입니다. 여기까지는 모두가 공감하는데 정작 선생님들은 사용에 소극적인 것 같습니다. 문제가 닥쳤을 때 검색을 통해 정보를 얻지 않고 오프라인상에서 찾아봐서 없거나 안 되면 포기하려 합니다. 아마도 새로운 것을 하려니 검증되지 않아 도입에 주저하시는 것 같습니다. 하지만 그렇게 되면 다른 곳에서 이미 진행한 내용을 계속 따라 하는 결과만 나타나 앞서 가기 힘들죠.

저는 오히려 공연도 처음 시연하는 단체와 함께하는 것이 더 즐겁습니다. 조언도 해주면서 그 공연팀이 성장하는 것을 지켜보는 것은 매우 즐거운 일입니다. 평소에 방문하는 사이트에서만 조회하지 말고 다양한 분야로 폭넓게 검색하시기 바랍니다.

대부분의 사람들이 자료 검색이라고 하면 네이버나 다음 포털 사이트에서 검색 단어로 찾는데 여기에서 나오는 자료는 한계가 있습니다. 다른 이가 찾지 못한 특별한 정보를 찾아야지요. 지역의 조그만 신문 기사나 개인 블로그에서 뜻밖의 정보가 나올 때가 많습니다. 특히 외국 사이트를 많이 검색하시기 바랍니다.

　우리의 인터넷 사용 방향이 아이는 게임, 어른은 연예계 소식으로만 치우쳐 있습니다. 두 가지 카테고리를 뺀다면 인터넷 사용 인구는 급감하지 않을까요? 해외에는 재미있는 사이트가 많아 디자인이나 인테리어 소품 등에 관한 풍부한 아이디어를 얻을 수 있습니다. 즐겨찾기에 어느 분야의 어떤 사이트를 등록해 놓았는가만 보아도 그 기획자의 실력을 가늠해볼 수 있습니다.

　제 어릴 때의 꿈은 역사학자였습니다. 알려지지 않은 사건을 자세히 규명해 TV로 대중에게 전하는 일을 하고 싶었지요. 그렇게 생각한 것이 초등학생 때였습니다. 그리고 그 후 드라마 조선왕조실록, 역사스페셜 등을 보면서 제 꿈을 조금씩 키워갔죠. 아버님께서도 국사편찬위원회에서 발간한 조선왕조실록 영인본을 구해서 응원해주셨습니다.

　온통 한문으로 되어 무슨 말인지 하나도 몰랐지만 실록을 뒤적이며 자료를 찾는 사학도가 될 생각에 가슴이 뛰었습니다. 비록 사학과는 못 갔지만 책장에 꽂혀 있는 실록을 읽어보고자 나름대로 한문 공부를 열심히 해보았습니다. 하지만 보잘 것 없는 실력으로 조선왕조실록을 읽기란 어림도 없었습니다. 그러던 중 실록이 CD로 만들어져 나왔고 책장의 실록은 장식용으로 바뀌었습니다. 하지만 CD도 아직 어려웠죠. 원문을 그대로 담은 정도였으니까요.

　이제 세상이 바뀌었습니다. 조선왕조실록 홈페이지(sillok.history.

go.kr)가 있습니다. 여기에는 원문은 물론 알기 쉽게 국역이 되어있고 날짜별, 관직별, 이름별로 조회가 가능합니다. 예를 들어 임진왜란이 일어난 해가 1592년 정도로만 알고 있다고 칩시다. 연도를 치니 '선조 25년 임진년 명 만력(萬曆) 20년'이라고 나옵니다. 만력이 뭘까요? 저도 모르겠습니다. 검색해봅시다. 어디서 검색하죠? 또 네이버나 다음 포털 사이트인가요? 여기에서 나오는 정보는 단순한 것뿐입니다. 더 자세한 정보를 얻어야죠.

위키백과(ko.wikipedia.org)에서 찾아보세요. 위키에서 검색하니 '명나라 만력제의 연호'라고 하면서 서력과의 대조표가 나와 있습니다. 다시 돌아와서 선조실록을 찾아 선조 25년 4월 13일자를 보면 '왜구가 쳐들어와 동래부사 송상현 등이 죽다'라고 기록되어 있습니다. 선조수정실록에는 4월 14일자에 좀 더 많은 기록이 있고요. 그 다음 기록부터는 패배한 소식이 올라오는 것이 적혀 있습니다. 이제 한문을 전공한 전문가만 읽을 수 있는 기록이 초등학생도 쉽게 이해할 수 있게 되었습니다.

이 실록 사이트 하나만 갖고도 수많은 프로그램이 나올 수 있겠죠. 역사 작가 이수광 선생님의 다작과 소재 발굴 비법은 실록이나 승정원일기를 읽는 것이라고 합니다. 한 줄에 간단히 언급되어 있는 인물이나 지명을 갖고 재미있는 이야기를 이끌어냅니다. 온라인에서 편리하게 찾은 정보를 더욱 풍부하게 꾸미는 것은 오프라인에서입니다. 발굴한 정보를 발로 뛰면서 확인하여 완전히 자기 것으로 만들어야 고수의 경지에 다가설 수 있습니다.

한국역사정보통합시스템(www.koreanhistory.or.kr), e영상역사관(www.ehistory.kr), 스토리테마파크(story.ugyo.net), 문화콘텐츠닷컴(www.culturecontent.com), 공공누리(www.kogl.or.kr) 등은 잘 알려져 있지 않지만 실속 있는 정보를 알 수 있는 곳입니다.

유용한 정보 사이트

- 파주출판도시책방모임 cafe.naver.com/pajubookcitybookshop
- 한국어린이출판협의회 cafe.daum.net/book4all
- 청소년출판협의회 cafe.daum.net/1318pub
- 인문사회과학출판인협의회 cafe.daum.net/cultural
- 출판동네 cafe.daum.net/publimake
- 독서신문 www.readersnews.com
- 아침독서운동본부 www.morningreading.org
- 어린이도서연구회 www.childbook.org
- 북에디터 www.bookeditor.org
- 북데일리 www.bookdaily.co.kr

반응이 좋았던 프로그램

'구체적으로 어떤 프로그램을 만들까'는 이제부터 함께 의논할 과제입니다. 어려울 것은 없습니다. 프로그램 기획자가 갖추어야 할 가장 중요한 것을 여러분들은 이미 갖고 계시니까요. 그것은 바로 열정입니다.

학교도서관 담당교사모임이나 도서관 사서모임 등 온, 오프라인의 매체를 통해 프로그램의 유형은 많이 보실 수 있습니다. 다양한 관련 잡지와 블로그 등을 통해 많은 프로그램도 쉽게 접하실 수 있습니다. 그중에서 제가 기획해 반응이 좋았던 대표 프로그램을 소개해 봅니다.

미션 북파서블
- 책에 나오는 장소, 인물, 관련 거리를 찾아 미션을 만들고 해결하는 프로그램
- 적당한 시간에 뜻밖의 문제를 보내고 인증샷, 미션 해결 등을 통해 흥미 부여

• 방송 프로그램의 가벼운 문제 형식을 참조하고 반전 요소를 꼭 넣을 것.

파주출판도시의 장점은 유명 출판사가 직접 운영하는 책방이 많다는 것입니다. 도시 곳곳을 모두 다니려면 다리가 아플 지경입니다. 이런 좋은 조건의 책방들을 유기적으로 결합하고 각 회사가 가진 장점을 최대한 살리고자 몇 해 전부터 책방 모임을 만들어 운영하기 시작했습니다. 지금은 네이버에 카페를 개설하여 출판도시를 찾는 분들에게 각 책방의 프로그램들을 소개하는 정보 역할을 톡톡히 하고 있습니다. 이 책방들을 어떻게 하면 재미있게 투어할 수 있을까 고민하다가 해답을 찾은 곳은 여기 도시 안의 극장에서 영화를 보고 난 후였습니다.

톰 크루즈가 부여받은 미션을 하나씩 풀어나가듯 책방을 돌며 그곳의 미션을 하나씩 풀어나가게 프로그램을 짰습니다. 풀어야 할 문제는 각 책방의 매니저들이 자사의 콘셉트에 맞추어 책을 골고루 살펴야 맞출 수 있도록 구성했습니다. 참가자들은 모둠을 이루어 출판도시 지도를 살펴가며 스스로 목적지를 찾아 정해진 시간 내에 문제를 풀고 다음 장소로 이동합니다.

출발할 때 매니저는 저에게 문자로 출발 시각을 알려 줍니다. 참가자들이 사진을 찍기 좋은 장소를 지나칠 때쯤 핸드폰으로 또 다른 미션을 보냅니다. 사진 속의 장소를 찾아 모둠원이 함께 인증샷을 찍어 보내라는 지령을 말입니다. 미션을 완수하고 목적지로 돌아온 후에는 다녀온 곳의 지도를 그리며 서로의 미션 결과를 발표합니다.

이 프로그램이 참가자들의 만족도가 가장 좋습니다. 협동심, 스릴, 스피드를 모두 경험할 수 있습니다. 특히 반전 요소를 만들어 재미를 배가하는 것이 최대의 매력입니다. 물론 출판도시와 비슷한 조건을 갖춘 경우라면 좋지요. 특히 각 사의 매니저들 간의 소통이 필요합니다.

지역에선 어떻게 할 수 있을까요? 재래시장을 이용해보세요. 출판도시의 책방 한 곳을 시장에선 하나의 상점으로 생각해보세요. 문제지를 만들어 '우리 아이들이 오면 이렇게 해주세요'라고 부탁하세요. 상인들은 나이 지긋하신 어르신들이고 동네 분들이라 흔쾌히 맡아 주십니다. 생선가게에 들려선 해양에 관련한 책의 힌트를 찾고 과일 가게에선 과일 이름이 들어간 책 찾기를 하면 됩니다. 시장과 접목한 프로그램을 계속 발전시키다 보면 엉뚱한 곳에서 예기치 않은 성과를 얻을 수 있습니다. 정부의 재래시장 활성화 방안과 연결될 수도 있고요.

몇 년 전 문화부에서 진행한 시장의 문화를 만드는 '문전성시' 같은 프로그램도 만들 수 있습니다. 기획했던 축제 장소가 제가 찾던 조건을 모두 갖춘 경우가 있었습니다. 도서관이 있는 공원과 바로 옆에 시장이 있었습니다. 시장과 연계한 다양한 프로그램을 기획했는데 행사 준비시간이 짧아 상인분들에게 기획안만 전달하고 그 이

서울국제도서전
신인 일러스트레이터에게 홍보의 장이 되도록 꾸민 벽은 일반인에게도 가장 인기가 좋습니다.

상 진척이 되지 못해 못내 아쉬웠습니다. 이 프로젝트는 꾸준히 시간 여유를 갖고 작게 시작하는 것이 중요하다는 것을 배웠습니다.

건축 마을을 만들어라

- 건물 설계하기, 우드락에 살고 싶은 마을 그리기
- 재활용품 사전에 모으기, 모둠별 게임으로 재료 선점하기, 마을 개막식 축제

건축에 관해 관심이 급격히 높아진 것이 영화 〈건축학개론〉의 국민 첫사랑 '수지'를 보고 나서였음을 부인하지 않겠습니다. 그렇지 않아도 출판도시의 아름다운 건물의 매력에 빠져 건축에 대해 공부하던 중이었는데 영화를 보고 더욱 마음이 설렜습니다.

건축은 공과대학에서 배우는 수학이 첨부된 기술로만 여겼는데 여기에는 인문학적 요소가 상당 부분 들어가 있음을 알았습니다. 또한 예술적인 부분도 깊이 접목되어 있는 것이 건축입니다. 어쩌면 건축학과는 공과대가 아니라 예술대학에 속해 있어야 한다는 생각마저 들더군요.

내가 살 집과 마을을 상상력을 동원해 편리하고 아름답게 만드는 프로그램은 어린이뿐 아니라 모두가 소망하는 꿈을 담고 있습니다. 건축가가 오셔서 실제 본인이 만든 집을 보여주고 유명한 건축물들에 대한 숨은 이야기를 들을 때는 아이들의 눈이 반짝입니다. 모둠을 이뤄 마을을 만드는데 이 과정에서 재료의 선정을 재미있게 해

야 합니다.

간단한 게임으로 순위를 정해 앞선 순위부터 재료를 고르게 합니다. 재료는 박스 안에 담아놓고 겉에는 숫자만 적어놓습니다. 복불복이 되는 거지요. 마을을 완성한 후에는 다 함께 모여 축하 파티를 합니다. 마을 촌장을 정하고 마을을 안내합니다. 마을 위에서 종이 띠지를 절단하는 커팅식을 해도 재미있습니다. 마을 앞에는 표지판을 세워 이 작업에 참여한 구성원들의 이름을 적어놓습니다. 어떻습니까? 생각만 해도 재미있지 않으세요?

책표지 바꾸기

기존에 나온 책을 재구성, 각종 재료 사용

표지전시 필수, 우수작품을 관람객 투표로 선정하여 시상

2006년 서울국제도서전의 기획단으로 참여한 적이 있었습니다. 그때 책에 대한 디자인 분야의 관심을 높여보고자 표지 디자인 공모전을 진행했습니다. 일반인들이 출간된 책의 표지를 자기만의 느낌으로 재창작하여 응모하는 것인데 참가자가 적을까 봐 고민되었습니다. 온라인 홍보만으로는 안 되겠다 싶어서 포스터를 만들어 신촌과 강남의 디자인 학원을 돌아다니며 붙였습니다.

마감 이틀 전까지도 응모작이 별로 없어 난감했는데 웬걸, 마감 날 아주 많은 작품이 접수되었습니다. 응모된 수량은 물론 그 수준

에 깜짝 놀랐습니다. 자전거가 소재인 책은 돌아가는 페달과 바퀴를 달아 사실감을 더했고 사막에 관한 책은 모래를 뿌려 입체감을 주는 등 기발한 아이디어가 넘쳐 났습니다. 작품들이 상품화하기 어렵지만 아마추어 디자이너들의 풍부한 아이디어에 출판사의 현직 디자이너들이 감탄을 금치 못하며 부끄러워했을 지경이었죠.

도서관에서 아이들과 가족이 충분히 해볼 수 있는 프로그램입니다. 참여하면서도 즐겁고 참여 후 전시회까지 열 수 있어 일석이조입니다. 기존 표지와 어느 것이 더 예쁜지도 비교해보세요. 표지 작품을 만들면서 책의 내용과 작가의 생각을 깊이 통찰할 수 있고 디자인과 광고 기법까지 익힐 좋은 기회가 될 것입니다.

우리 마을 책지도 만들기

- 책의 제목, 내용과 연관 있는 마을 장소 찾기
- 가게 이름을 책 제목으로, 광고판 알아오기, 더 쉬운 우리말 찾기

평택에 있는 중학교에서 학생들에게 책 만드는 이야기 강연을 마치고 사서 선생님과 식사를 함께할 때였습니다. 선생님은 지역적인 특성을 잡아 프로그램을 만들어야 한다는 데에는 공감하였으나 이 지역은 여건상 그런 소재가 너무 없다고 하소연했습니다. 도농공이 복합된 아주 작은 도시로 인근에는 그 흔한 산이나 하천 하나 없는 적막한 곳이었습니다. 식사 내내 무엇을 할까 궁리하던 참에 메뉴판이

보이더군요.

그런데 거기에는 '김치찌개'가 '찌게'로 적혀 있었습니다. 많은 식당에서 헷갈리는 글자가 여기서도 예외는 아니었습니다. 순간 이 마을의 가게들에서 틀린 글자가 얼마나 될까 궁금해졌습니다. 그리고 이것을 프로그램으로 만들자고 했습니다.

오자는 물론 상점 이름을 예쁜 우리말로 바꿔보고 거기에 맞는 책 제목을 대입하여 마을 지도를 만드는 것입니다. 치킨집은 '마당을 나온 암탉'이 될 것이고 중국집은 '짜장면 불어요', 빵집은 '위저드 베이커리'가 되겠지요. 작은 도시 전체를 책마을로 만들 수가 있습니다. 도시 내 모든 상점이 가게 이름을 책과 연관하여 짓거나 주인이 감명 깊게 읽은 책을 주제로 하여 꾸미면 재미있겠지요. 그런 마을을 만들어보는 것이 제 꿈이기도 합니다. 책마을 지도 만들기에 대한 아이디어를 제공한 대가로 그날 점심값은 당연히 선생님이 냈습니다.

책지도 만들기를 더 쉽게 할 수 없을까 고민하던 중 드디어 기회가 왔습니다. 출판도시 안에 있는 어린이도서관 '꿈꾸는 교실' 아이들과 평화마을 만들기 프로그램을 몇 달간 진행하던 중 오일장을 가는 체험이 있었습니다. 평소에 가던 시장이 아니라서 가게 위치는 물론 예상치 못한 다양한 품목이 나왔죠. 아이들은 시장에서 맡은 구역의 품목만 조사해 옵니다. 가게 이름이 없으니 채소가게, 옷가게 이런 식이죠. 다음 날 도서관에 모인 아이들은 도화지에 자기가

파주책나라 독서캠프
가르치려 들지 마세요. 아이들이 스스로 터득하여 선생님이 되게 하세요. 남을 가르치기 위해서는 배우는 사람보다 더 공부해야 함을 깨닫게 만들어주세요.

과자로 그리스 신전에서부터 현대 건물까지 창의력을 동원해 멋진 작품을 만들 수 있습니다. 건축이야말로 모든 분야가 집약된 상상력의 결정체입니다.

조사해 온 구역의 지도를 그려 서로 연결합니다. 마치 대동여지도와 같이 낱장으로도 쓸 수 있고 커다랗게 연결하면 한 눈에 오일장 전체를 볼 수 있겠죠.

자, 이제부터 시작입니다. 도서관 안에서 가게와 연관된 책의 제목을 포스트잇에 적어 그 가게에 붙입니다. 이름 없던 가게가 알록달록한 책 이름으로 하나씩 자리 잡아 갑니다. 어떤 책들이 가게이름을 대신했는지 알아볼까요? 곡식을 파는 가게 이름은 '콩쥐팥쥐', 분식집 이름은 '내가 라면을 먹을 때(하세가와 요시후미, 고래이야기)', 어르신이 앉아계시던 복덕방은 '작은 집 이야기(버지니아 리 버튼, 시공주니어)로 바뀌었습니다. '난 병이 난 게 아니야(카도노 에이코, 한림)'는 어떤 가게였을까요? 한약방입니다. 모두의 입이 벌어진 것은 마지막이었는데요. 책 제목 '엄마에게 주고 싶어요(알리스 브리에르 아케, 봄봄)'입니다. 어떤 가게일까요? 어묵을 파는 가게였어요. 왜일까요? 아이가 어묵을 무척 좋아하는데 엄마에게 어묵이 얼마나 맛있는지 알려 주어 다음에 어묵 많이 사달라는 뜻이라고 합니다. 모두가 뒤집어졌죠.

이 이상 좋은 프로그램은 결코 나오지 않습니다. 책 고르기, 상상하기, 사람 사는 이야기, 가족애, 함께 그리는 협동심 등 모든 것이 이 안에 다 있습니다.

한발 더 나아가 재래시장의 가게 이름을 연관된 책 제목으로 다 바꾸었으면 좋겠습니다. 정부에서 추진하는 재래시장 활성화 대책이라는 것이 SSM(기업형 슈퍼마켓) 입점 금지, 판매 품목 제한 같은 대형마트에 대한 네거티브 정책뿐입니다. 그곳에서 일하는 분은 결국 소시민이고 입점해 있는 물건 중에는 중소기업이 만든 물건도 많습니다. 결국 대형마트에 대한 규제를 이만큼 했으니 그다음은 각자 알아서 하라는 식입니다. 눈길을 재래시장으로 더욱 돌려야 합니다.

주차장 확보나 시설 현대화 사업은 예산 관계상 어렵다고 하면 다음은 할 게 없습니다. 재래시장, 전통시장에서는 문화를 팔아야 합니다. 앞서 말한 다양한 독서프로그램이 시장을 중심으로 일어나서 교육 효과와 서민 시장 살리기에도 도움이 되었으면 좋겠습니다.

무박이일 12시간 책 읽기(성인 대상)

- TV, 컴퓨터, 핸드폰을 끄고 무엇이든 읽을 자유, 아무것도 읽지 않을 자유
- 어제와 내일 사이, 야심수다 (북토크)
- 깜짝 인물과 함께하는 조식

파주출판도시에서는 일 년에 두 차례 큰 축제가 열리는 데 5월 어린이책잔치와 가을에 열리는 파주북소리가 그것입니다. 북소리축제는 그전부터 가을 책잔치로 진행되어오던 것이 2011년부터 규모가 확대되었습니다. 늦가을에 열리던 가을 축제는 도시와 일상생활의 번잡함에서 벗어나 아름다운 출판도시의 분위기를 만끽할 수 있는 프로그램으로 구성하였습니다. 일탈이라는 단어 하나에 그 무슨 내용

이 더 필요하겠습니까? 오히려 어떤 내용을 넣는 것이 또 다른 구속이 아닌가 생각되었죠.

동남아 리조트 광고에 이런 말이 있죠. '무엇이든 할 자유, 아무것도 안 할 자유.' 성인 20명을 초청해 자유롭게 책을 읽다가, 사색하다가, 눈도 붙이면서 새벽에 산책할 기회를 만들었습니다. 일부러 일정 자체를 느슨하게 꾸몄습니다. 홈페이지에 간단한 사연과 함께 참가자를 모집했는데 전국에서 100명 가까운 분들이 신청을 해 깜짝 놀랐습니다. 신청 사연을 읽어보니 선정을 안 할 수 없는 분들이 많아 지역과 연령, 성비를 골고루 분배하여 30명을 선정하였지요.

행사 날 오후 5시가 되어 참가자들에게 오리엔테이션을 하려고 문을 여는 순간 또 한 번 놀라지 않을 수가 없었어요. 유명 방송과 언론에서 취재를 나와 앞줄에는 그분들이 자리를 차지하고 앉아 있더군요. 마치 유명 인사 기자회견을 하는 분위기였습니다. 순간 등골이 오싹했습니다. 그저 편하게 책 옆에서 쉬다 가자는 것인데…… 일이 커져버렸어요. 한편으로는 책 행사가 얼마나 없었으면 별것 아닌 이런 것을 다 취재하러 올까 하는 생각도 들었습니다. 다들 크게 기대하는 눈치였습니다.

저녁 식사 후 간단한 자기소개를 하고 편한 분위기를 만들었습니다. 역시 음식을 함께 먹으니 저절로 친해지더군요. 그다음 편하게 독서 시간을 주었습니다. 참가자들은 "중간에 자도 되느냐, 몇 권을 읽어야 되느냐" 하고 질문하는데 극장에서 하는 영화 오래 보기를 생각하는 것 같았습니다. 카페형 공간에 500여 권의 책을 쌓아놓고 읽고 싶은 것을 마음껏 읽도록 내버려 두었습니다. 12시가 넘고 새벽 2시가 지났는데도 한 분도 피곤해하는 분이 없었습니다. 아침이 되어서도 주무시는 분 없이 모두가 밤을 새웠습니다. 놀람의 연속입니다. 이렇게 좋은 책을 앞에 두고 어떻게 잠이 오느냐는 반응이었습니다.

그중 한 분은 500권 중에서 읽을 책이 없어, 그럴 줄 알고 자기가 읽을 책을 따로 가져왔다고 해서 저를 당황케 하였습니다. 준비의 소홀함을 이야기한 줄 알고 내심 언짢았는데, 전부 읽은 책이라고 하더군요. 참가자 모두 경악을 금치 못했습니다. 이분이 서울 응암동에서 '이상한 나라의 헌책방'을 운영하는 윤성근 씨였습니다. 박원순 서울시장의 집무실을 책으로 꾸며 유명세를 타기도 했는데 그가 운영하는 책방은 반드시 본인이 읽고 난 책을 꽂아 놓는다고 합니다. 이쯤 되면 독자의 어떤 질문에도 대답을 해주고 관련된 다른 책까지 소개해 줄 수 있는 고수인 것이죠. 책뿐 아니라 음악, 영화에도 조예가 깊어 펼치는 문화 활동에 항상 감동합니다. 책 때문에 만난 소중한 인연입니다.

●
자기가 직접 만든 작품을 공연하는 데에서 아이들은 희열을 느낍니다.

●●
재미난 책장 하나가 책의 즐거움과 무한한 상상력을 키웁니다. 도서관 안의 비품 하나에도 정성을 기울여야 하는 이유지요.

아침까지 책을 읽은 참가자들은 출판사 대표들과 식사를 합니다. 작가나 편집자와 만남 시간은 있었어도 출판사 대표와의 만남은 없었을 겁니다. 여기서 그분들의 책에 대한 철학, 좋은 책을 만들 것이냐, 잘 팔리는 책을 만들 것이냐에 대한 고민, 베스트셀러 탄생의 숨겨진 이야기를 듣는 것입니다. 원래 행사는 아침 식사 후 끝날 예정이었는데 대표님들과의 대화가 2차로 이어져 저녁 무렵에야 끝났답니다. 이 프로그램은 언론에서도 관심이 높아 동아일보, EBS와 다음 해에는 KBS 문화지대를 통해 자세히 보도되었습니다.

그 후 참가자들의 의견을 철저히 반영한 몇 번의 행사를 더 가졌습니다. 밤 12시에 작가와 이야기하는 '어제와 내일 사이', 참가자끼리 이야기하는 '야심수다' 등의 순서가 만들어졌고 다음 해에는 가족 책 읽기로도 이어졌습니다. 가족 대상은 아이들이 있으니 아침부터 저녁때까지였죠. '책으로의 일탈' 여러분도 꿈꿔보세요.

어린이 책 영화제

책과 떨어질 수 없는 것이 바로 영화입니다. 이 둘은 서로 닮은 데가 참 많습니다. 상상력을 동원하여 가상의 이야기를 꾸며내거나 현실의 세계를 더욱 밀도 있게 그려낼 수 있는 것도 책과 영화에서만 가능한 일입니다. 또 그런 작품을 만 원 내외의 저렴한 가격으로 즐길 수 있다는 것도 서민에게 더욱 가까이 다가설 수 있다는 장점이지요. 그리고 저자와 감독이라는 두 예술가가 자기만의 고유한 정신을 담아 대중에게 평가받는 것도 같습니다. 책과 영화는 서로의 경계를 넘나들며 대중들과 호흡해왔고 앞으로도 더욱 그럴 것입니다. 이젠 처음부터 영화 제작을 겨냥하고 출간하기도 하죠. 파주출판도시 2단계 부지에 영화사가 입주하게 된 것은 어쩌면 당연한 일인지도 모릅니다.

이와 관련된 학교, 도서관 프로그램은 책을 소재로 만든 영화를 보고 토론하기 정도에 그칩니다. 이 부분에 대해서 좀 더 적극적으로 개발할 필요가 있습니다. TV나 방송에 가장 민감한 때의 아이와 청소년이기 때문에 프로그램 진행 시 관심과 몰입도가 상당히 높습니다. 또 스마트폰의 기능이 향상되고 동영상 편집 기술이 쉬워진 덕분에 누구나 재미있게 참여할 수 있게 되었습니다.

수년 전 출판도시 어린이책잔치를 할 때 기회가 왔습니다. '책, 영화와 절친되다'라는 부제목으로 영화제를 기획했습니다. 어린이 영화제를 조사해보니 애니메이션 영화를 모아서 상영한 정도더군요. 어린이가 볼 영화를 어른이 골라 보여주는 것인데 이것은 아니라고 봅니다. 영화가 주인공이 아니라 사람이 주인이 돼야죠. 이런 관점에서 본다면 어린이가 기획하고 연출하고 심사하고 시상해야 합니다. 처음부터 끝까지 모든 것을 어린이가 주인이 되게 만들었습니다. 어른들이 하는 것은? 그냥 뒤에서 지켜보기만 하면 됩니다. 이러쿵저러쿵 간섭하지 않는 게 최선의 도움이죠.

어린이가 만든 출품작은 '책을 소재로 한 어떠한 형태의 촬영물'

로 비디오카메라는 물론 핸드폰으로 찍은 것이라도 상관없이 파일로 받았습니다. 그런데 이 촬영한 파일이 극장 안의 스크린에서 과연 일반 영화처럼 보일 수 있을까가 관건이었습니다. 극장 측의 전폭적인 지원 아래 상영을 할 수 있게 되었죠. 자기가 촬영한 작품이 대형 스크린에 비칠 때 아이들이 어떤 표정을 지었겠습니까?

다음은 출품작에 대한 심사입니다. 심사위원을 공개 모집했습니다. 왜 심사위원이 되려고 하는지, 어떤 부문을 심사할 건지에 대한 사연을 받아 초, 중등생 총 6명을 뽑았습니다. 출품작보다 심사위원 선정 경쟁이 더 치열했어요.

드디어 대회 당일 심사위원석을 만들고 출품자와 가족, 일반인들을 모두 초청하여 대회를 열었습니다. 10여 개의 작품이 본선에 올라왔고 우수작을 뽑아 심사위원들이 시상했습니다. 심사기준도 위원들이 스스로 정했는데 우수하게 보이는 작품인데도 어른이 도와준 흔적이 보인다고 지적하는 등 그 날카로움에 깜짝 놀랐습니다. 어른이 한 일이라고는 시상할 때 옆에서 상장 건네준 것밖에 없었지요. 대회는 바로 축제로 이어져 모두가 간식을 먹으며 즐거운 한때를 보냈습니다.

이렇게 해야 진정한 어린이영화제 아니겠습니까? 예전에는 촬영카메라가 없어 감히 엄두도 내지 못하던 프로그램이었습니다. 이제 극장이 없더라도 빔프로젝터를 이용하여 충분히 마음껏 할 수 있죠. 이 행사의 핵심은 어른이 빠진 어린이, 청소년들로 구성된 심사위원단입니다. 영화제 포스터도 그들이 디자인하고 직접 홍보할 수 있게 만드세요. 교사나 어른이 나서지 않을 때, 그들의 실력은 더욱 높아집니다.

자주 하는
프로그램에 대한
소소한 이야기

원화가 아닌 '동화 원화전'

도서관에서 가장 많이, 가장 쉽게 할 수 있는 프로그램입니다. 아마도 어떤 선생님이든지 작품을 구하려고 여기저기 출판사에 전화를 해본 경험이 있을 겁니다. 우수한 작품을 많이 보유한 출판사들은 보통 분기 단위로 일괄 예약을 받아 운영합니다. 매번 대여 신청을 받는 것도 직원이 많지 않은 출판사로서는 보통 일은 아니죠. 그래서 자사 홈페이지에 공고하고 신청을 받는데 대여 기간이 작품 당 일주일 이상 되니 미리 신청해야 합니다. 혹 한두 군데 전화를 해보다가 예약이 끝나 전시 자체를 포기하는 경우가 있는데 끝까지 희망의 끈을 놓지 마세요. 급작스럽게 대여를 취소하는 경우가 종종 발생합니다.

또 하나는 몇몇 출판사로만 요청이 집중되다보니 대여가 어렵습니다. 소형 출판사나 신생 출판사로 눈길을 돌리십시오. 이런 곳은 홍보의 기회가 적어 만일 여러분들이 먼저 제안을 한다면 무척 좋아하며 적극적으로 임할 것입니다. 숨어 있는 좋은 출판사의 우수 작품을 발굴하는 행운은 발로 뛴 선생님들만이 누릴 수 있는 기쁨입니다.

자, 이제부터는 문제점을 말씀드리겠습니다.

먼저, 원화가 아닙니다. 실제 원화는 작가가 소지하고 있으며 외부에서 전시하는 경우는 극히 드뭅니다. 파손에 대한 우려 때문이죠. 그리고 작가가 먼저 그림을 그리는 경우도 있지만 보통은 만들어진 원고에 맞추어 그림이 따라가거나 원고와 함께 작업하는 경우가 대부분입니다. 즉 작가는 원화를 그릴 때 텍스트가 들어갈 자리를 염두에 두고 그립니다. 그래서 멋진 동화책임에도 글자가 빠진 그림만을 보면 화폭에 균형이 맞지 않는 것처럼 보이죠.

결국 원화전이라 부르는 이것은 출판사에서 작가의 그림을 스캔한 파일을 받아 인쇄한 출력본에 불과합니다. 그냥 전시하기 뭐해서, 이름이라도 멋지게 붙였습니다. 그래서 나온 이름이 '아트프린팅'입니다. 어떤 인쇄기와 어떤 용지로 출력한 작품이 제일 품질이 좋은가를 시연하는 장이라고 해야 정확합니다. 그러다 보니 출력물보다 액자 값이 훨씬 비싼 이상한 괴물이 탄생된 것입니다.

전시만 하는 것은 단순합니다. 더구나 전문 전시장이 아닌 공간에서 이젤에 세워 늘어놓는 정도라면 관람객들의 관심을 얻는 것이 아닌 의무적인 실적용으로 밖엔 볼 수 없는 것이죠. 작가가 직접 나와 설명하고 함께 그림을 그리고 해야 제 맛입니다. 예산 때문에, 작가 일정 때문에 섭외가 곤란하다면 다른 방법을 써야 합니다.

박물관이나 미술관 등 전시장에는 도슨트가 있지요. 여기서도 어떻게든 만들어야 합니다. 도서관 자원봉사자를 그 출판사, 그 작가와 연계시켜야 합니다. 작가에게 작품 의도, 배경 등을 배워 관람객들에게 설명하고 체험도 함께 진행해야 제대로 동화와 친해지는 프로그램을 만들 수 있습니다. '작가가 아닌 제3자가 과연 작가의 느낌을 제대로 전달할 수 있을까' 하고 의구심을 가진 분들도 계실 겁니다. 이렇게 묻고 싶습니다. 그렇다면 김홍도와 신윤복의 작품에 대해서는 그 누구도 해설을 할 수 없을까요? 고흐, 피카소의 작품을 쉽게 이해하는 방법은 없나요?

동화 원화에 집착하지 마세요. 책에 나오는 그림을 보아야만 그 책이 전달하려는 가치를 얻을 수 있는 것은 아닙니다. 호랑이를 주제로 한다면 우리 민화에 나타난 모습, 외국의 호랑이 책 표지 전시 등 다양한 내용을 준비한다면 관람객들이 더 좋아할 겁니다.

뭐니뭐니해도 사진전의 반응이 가장 좋죠. 평소에 주제별로 관련 단체를 폭넓게 알아 두세요. 한국출판문화산업진흥원에서는 매년 '손안애서(愛書) 책 읽는 사람 사진전'을 공모하여 수상작들을 액자로 만들어 30점을 한 세트로 하여 대여하고 있습니다. 부대 프로그램 없는 단순한 원화전보다 이런 사진전이 훨씬 좋습니다.

스펙 쌓기가 아니오. '독서 골든벨'

KBS 도전 골든벨이 없었으면 태어나지 못했을 프로그램입니다. 평소 독서에 대한 지식을 겨뤄보고 몰랐던 것을 알아가는 재미있는 프로그램입니다. 대상을 넓혀 단체전, 가족대항 등 다양한 주제로 팀을 이뤄 경쟁하면 좋습니다.

여기서 주의할 점은 이것이 화합, 웃음을 위한 일회성으로 끝나야지 그 이상이 되면 곤란하다는 점입니다. 가장 쉬운 예로 1등에게는 장관상, 부상으로 100만 원 상당의 문화상품권 등과 같이 상이 과하면 역효과가 나타납니다. 이를 악물고 경쟁하며 진행의 공정성에 대해 항의가 들어옵니다. 어린이들의 경우 초기에 탈락하면 울고불고 난리가 납니다. 놀자고 한 것이 아이들에게는 큰 상처로 남을 수 있습니다.

다음, 문제의 난이도입니다. 고학년이 당연히 잘 맞출 수밖에 없지요. 이러면 재미없습니다. 어른도 잘 모를, 틀려도 창피하지 않은, 틀리고 새로운 것을 알 기회가 될 그런 문제를 내야 합니다. 남자 방귀가 구릴까요, 아니면 여자 방귀가 더 구릴까요? 이런 문제입니다. 난센스가 아니고 과학책 속에 나온 내용입니다.

TV에도 보면 문제 중간에 춤도 추고 노래도 부르며 흥을 돋웁니다. 중간에 공연 순서를 넣고 마지막에는 탈락자들을 위한 배려 순서도 넣어야 기다리며 응원합니다. 즐기기 위해 놀이로 할 것. 잊지 마십시오.

독서골든벨 같은 경쟁을 동반한 프로그램은 과해서는 안 됩니다. 그저 웃고 즐기는 정도면 충분합니다.

만나서 뭐하죠? '저자(작가)와의 만남'

먼저 이름부터 정리해보죠. 저자인가? 작가인가? 사전적 의미에서 저자란 '책을 지은 사람'이고 작가란 '예술품을 창작한 사람'을 말합니다. 방송 대본, 시나리오, 사진 등을 만드는 사람이 책을 쓰지 않았다면 그냥 작가입니다. 사진 전문가를 초청한 행사를 저자와 만남이라고 하면 난감한 일입니다.

감명 깊게 읽은 책의 저자를 직접 만나 대화하는 것은 독자로서 가슴 뛰는 일입니다. 유명 작가들의 강연회에 가보면 마치 유명가수 팬클럽과 같은 분들이 항상 앞줄을 차지하고 있습니다. 작가 역시 자기 독자와 만남을 통해 책에 대한 반응을 들어볼 수 있죠. 근래에는 출판사들이 강연이 가능하고, 예능감 있고, 말 잘하는 작가의 책을 출판하려 합니다. 여기에 외모까지 더한다면…… 이쯤 되면 연예인이죠.

작가 섭외부터 시작해볼까요? 누구를 어떤 방법으로 연락해야 할까요? 막막하기만 합니다.

A급 작가는 강연료 때문에 모시기도 어렵고 일정을 맞추기가 쉽지 않습니다. 또 막상 모시고 보니 화술이 부족해 담당자 속이 새까맣게 변하기도 합니다. 하지만 작가는 글로 말하는 사람이지 입으로 말하는 사람이 아닙니다. 오히려 약간은 어눌한 언변에서 작가의 진정성을 느낄 때가 많습니다. 이해해주세요.

너무 유명 작가만 모시려다 보니 도처에 숨은 능력 있는 작가를 초청할 기회를 놓치게 됩니다. 작가 초청은 대부분 신간이 나온 즈음에 출판사를 통해서 합니다. 유명 작가가 아니더라도 내용이 좋은 작가를 찾아보세요. 출판사나 작가나 매우 좋아합니다. 그분이 유명 작가가 되었을 때 남들과 달리 쉽게 섭외되는 영광을 얻을 수 있습니다.

설문 등을 통해 초청 작가가 정해지면 그분의 연락처를 알아내려고 여기저기 전화하십니다. 알기도 힘들뿐더러 그럴 필요가 없습니다. 연예인에게 기획사가 있듯이 작가에겐 출판사가 있습니다. 출판사로 전화하세요. 어느 출판사로? 가장 최근에 작품을 발간한 출판사로. 수년 전에 출간한 출판사로 전화하면 지금 작가와 계약 기간이 끝났을 수도 있고 그 과정이 매끄럽지 못해 서로 불편한 관계에 놓여 있을지도 모릅니다. 설사 연락처를 알게 되었다 해도 출판사를 통해 하는 것이 깔끔합니다.

초청할 때는 일자, 장소, 참가 예상 인원, 강연료를 밝힙니다. 물론 조정 가능하다는 단서를 달면 더욱 좋겠지요. 가장 어려운 부분이 강연료입니다. 예산은 빈약하고, 먼저 금액을 제시하기도 쑥스럽고, 혹 거절당하면 어쩌나 하고 좌불안석이 됩니다. 작가도 마찬가지입니다. 얼마를 달라고 하는 것에 부담을 느낍니다(그렇지 않은 작가도 있지만). 금액을 얘기하면 속물로 비쳐지지나 않을까 여기도 좌불안석입니다. 누가 먼저 사랑 고백을 하겠습니까? 아쉬운 사람이 먼저 해야죠. 책정된 예산을 처음부터 솔직히 말씀하세요. 저는 지방 작은 도서관에 강연 갔을 때 강연료 대신 쌀과 복분자술을 받은 적이 있었는데 서울로 올라오는 내내 입에 고인 침을 삼키느라 고생한 적이 있습니다. 지방 특산물과 그분들의 정을 한 아름 안고 오느라 귀경길이 멀게만 느껴졌지요.

관청의 예산이 적다는 것은 누구나 다 아는 사실입니다. 작가는 특별한 사정이 없는 한 자기를 만나기를 원하는 독자가 있다면 가려 합니다. 그것이 독자에 대한 의무라고 생각합니다.

이런 심리적 약점을 이용해 작가를 초청하는 비열한(?) 방법을 알려드리겠습니다. 선정 작가의 책을 탐독한 후 모든 사람이 정성스럽게 초청 편지를 적는 것입니다. 이럴 땐 어린이들의 삐뚤삐뚤한 손편지가 더욱 위력을 발휘하죠. 커다랗게 작가의 사진을 만들거나 천 마리 학을 정성스레 접어 보내면 감동하지 않을 작가가 없습니다. 진심이 사람을 움직입니다. 단, 자주 사용하지는 마세요.

초청이 이루어진 후 중요한 것은 작가와 만남 전에 꼭 사전 프로그램을 준비하는 것입니다(특히 동화 작가인 경우). 당일 하루 와서 잠깐 만나는 것보다 책을 충분히 읽고 질문거리를 갖고 오게 해야 합니다. 별명은 뭘까, 좋아하는 가수는, 좋아하는 음식은, 어릴 때 꿈은 등 작가의 평범한 면을 엿볼 수 있는 질문거리도 함께 만듭니다. 사인을 받을 때는 메모지나 찢은 종이가 아니라 작가의 책에 받는 것이 기본적인 예의입니다. 책이 없다면 사인을 받을 고급 종이를 미리 준비해서 기념이 될 수 있도록 해야 행사의 효과가 있습니다.

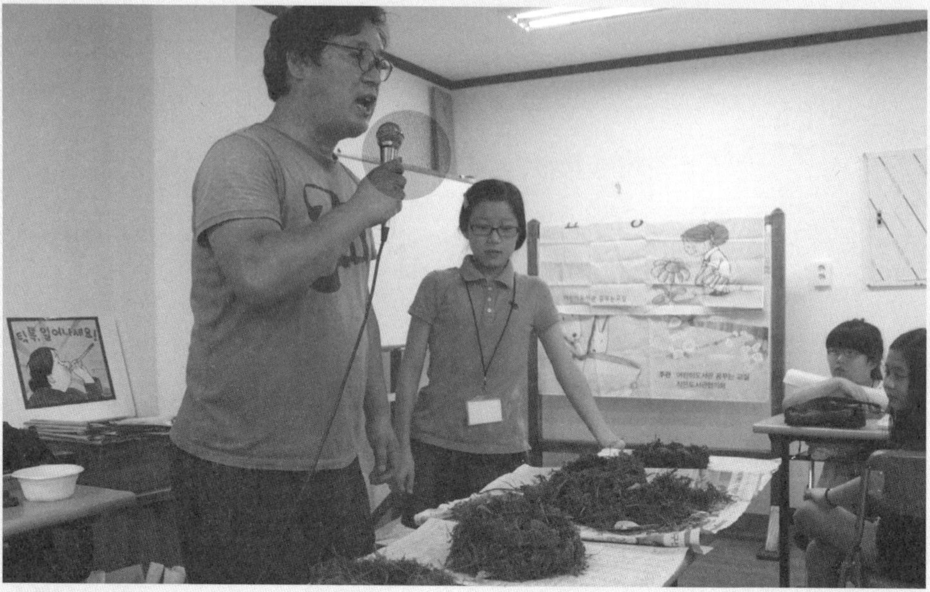

작가 : 노 경 실
작품 : 방귀 탐험
출판사 : 푸른날개
뿌지직

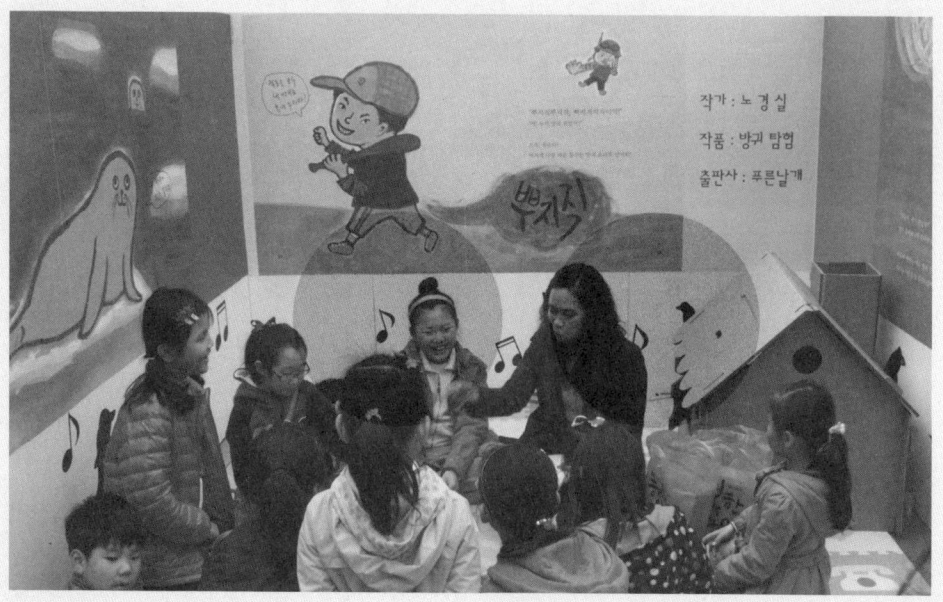

나도 가수요, 북콘서트

근래 가장 많아진 프로그램이죠. 콘서트는 노래와 작가와의 만남뿐 아니라 영상과 무대효과 등 모든 것이 포함된 종합예술이 되었습니다. 그만큼 비용이 많이 들죠.

출연자들을 도서관 이용자들로 채워 보세요. 다양한 분야에서 활동 중인 이용자들이 이런 것들을 해결해줍니다. 우리 도서관에는 없다고요? 아닙니다. 쑥스러워서, 옛날에 했던 것이라 자신 없어서 하지 않는 것뿐입니다. 소문이 나면 도서관과는 그다지 친하지 않은 아빠들도 오실 겁니다.

중, 고등학교에서 북콘서트에 관한 자문 요청이 많이 옵니다. 이 기회에 제 의견을 말씀드리죠. 먼저, '너도 하니까 나도 한다' 식으로는 곤란합니다. 도서관 주간을 때우기 위해서, 실적을 위해서 하는 식이면 학생들의 머리에 남지 않습니다. 분명 넉넉지 않은 예산으로 진행될 것이고 작가와의 대화가 주를 이루게 됩니다. 평범한 질문을 하려면 어렵게 초청한 작가를 만난 의미가 없죠. 콘서트는 노래가 있어야 하고 그래서 전문 사회자와 가수가 함께 하기 때문에 예산

●
권오준 동화작가와 함께
감명 깊게 읽은 책의 작가와 만나 이야기를 나누는 경험은 한 사람의 인생을 바꾸어놓을 수 있습니다. 그리고 그 아이가 세상을 바꾸어놓을 수 있습니다.

●●
노경실 동화작가와 함께
어린이를 대상으로 한 작가와 만남은 단순 강연에 그치지 말고 놀이나 체험 등 다양한 형태로 독자에게 다가가도록 합니다.

이 많이 듭니다. 초청하는 가수가 유명할수록 이에 따른 음향시설도 따라 올라갑니다. 과감하게 모든 것을 학생에게 맡겨 보세요. 중, 고등학생 정도의 실력이면 충분합니다. 더구나 학교에 방송부도 있죠. 노래나 연주는 동아리 친구들에게 일임합니다. 작가에게 하는 질문을 공모해서 정리하고 MC에 소질 있는 친구를 찾고 포스터 제작까지 모두 학생들 스스로 하게 만드세요.

도서관도 마찬가지입니다. 북콘서트 기획단을 모집하세요. 이용자 중에 현직 방송국 PD가 있을지도 모르고 전직 가수가 있을지도 모릅니다. 그렇게 어우러져 해야 제대로 된 콘서트가 됩니다. 이게 과정의 축제고 참여의 축제고 우리가 원하는 꾸준한 독서운동으로 이어질 수 있습니다.

잠만 자다 가나? 독서캠프

학교에서 많이 하죠. 캠프란 숙박이 있어야 합니다. '집이 아닌 밖에서 잠을 잔다. 그것도 친구와.' 이것 하나만으로도 가슴 설렙니다. 아이들에겐 합법적인 가출이며 악동이 되어볼 수 있는 절호의 기회입니다. 캠프 오면 대부분 잠 안 잡니다. 어른도 잠자리가 바뀌면 힘든데 아이들은 오죽하겠습니까? 친구와 수다 떠느라, 한밤에 컵라면을 몰래 먹느라 밤새 시끄럽습니다. 그게 캠프의 재미입니다.

프로그램은 늦은 밤까지 친구들과 머리를 맞대고 의논해야 하는 프로그램이 좋습니다. 특별히 캠프의 숙박이 아니어도 가능한 프로그램은 할 필요가 없겠죠. 작가 초청 강연, 책 만들기 등은 언제나 할 수 있는 프로그램입니다. 굳이 한다면 강연을 듣고 밤늦도록 머리를 맞대고 포트폴리오를 만드는 시간이 따라야 될 것입니다. 연극, PT 발표대회, 모둠별 마을 만들기 등 장시간 협동이 필요한 부분을 찾아보세요.

캠프의 특징은 '일탈'입니다. 그래서 수련원 등 별도의 장소에 가서 합니다. 그러니 학교, 도서관에서 할 때는 장소나 프로그램의 일탈성이 있어야 됩니다. 평소 자주 가던 도서관에 이런 것도 있었구나 라고 느끼게 해주는 것이죠.

도서관에서 책 찾기를 할 때 내는 문제

- 출간일이 가장 오래된 책 찾기(일자가 자기 생일과 같을 경우 보너스 점수)
- 제목이 가장 긴 책 찾기
- 제목으로 끝말을 이어 가장 많은 권수를 가져온 모둠에게 점수
- 가장 비싼 책과 싼 책을 찾아 가격 차이가 제일 많이 나는 모둠에게 점수

캠프의 일정은 선생님 혼자 짜지 마세요. 참가자가 직접 짜 보는 게 좋습니다. 몇 시에 취침하고 기상할 것인지, 아침 산책을 할 것인지 등을 학생들이 자율적으로 정하게 하면 참여의 동기가 더욱 확실해지죠. 장소를 꾸미는 것도 참가자들이 하게 하십시오. 낮에 장소를 꾸미고 저녁 식사 후 부모님을 초대하여 함께 레크리에이션을 하고

파주책나라 독서캠프
평화를 주제로 한 독서캠프에서 비무장지대를 방문해 현장체험을 하였습니다. 몸으로 부딪치는 것이 제일 확실한 독서 방법입니다.

책 벼룩시장이야말로 가장 재미있는 놀이입니다. 이 안에서 경제도 배우고 옆집 친구도 사귀고 모두가 어우러지는 축제도 됩니다.

학생들만 남아 사후 활동을 하게 하면 자녀들의 외박에 대해 불안했던 부모님들도 안심합니다.

지난 7월 단양군의 별방초·중학교에서 진행했던 캠프는 중학교 전교생과 5, 6학년 초등학생 모두가 참가했는데 인원이 무려(?) 20명이었어요. 이런 경우에는 작가 초청 강연이 평소에 접하기 힘든 행사라 아이들에겐 특별한 만남이 되죠. 저녁 식사를 어떻게 할지가 어려운 문제였는데 놀랍게도 가든파티(!)를 했습니다. 선생님들께서 시장에서 삼겹살이며, 상추며 장을 보시고 찌개 끓이시고 더운 날임에도 불판에 고기를 구워 아이들에게 먹이셨습니다. 학부모님들도 자연히 합석하시고, 맛나게 먹으며 재잘거리는 아이들의 모습이 너무나 정겨웠습니다.

교장선생님을 비롯한 모든 분이 참석하시어 마을 축제가 된 듯하더군요. 아이들이 참가하는 어떤 행사든 먹는 즐거움이 가장 큽니다. 책을 핑계 삼아 만난 선생님, 학생, 학부모 그리고 저자까지 모두가 삼겹살을 먹으며 잊지 못할 추억을 안고 왔습니다. 이런 행사는 꼭 시골이니까 가능한 일은 아닌 것 같습니다. 도시에서도 선생님과 자원봉사자의 힘으로 멋진 독서캠프가 가능하죠.

1박이 아닌 2박 이상인 경우 초등학생은 밤 12시 이후에는 강제로라도 취침을 시켜야 합니다. 1박인 경우는 둘째 날 퇴소를 하니까 상관없겠지만 2박 이상인 경우 둘째 날에도 프로그램이 이어져 지장이 있습니다.

중학생 이상부터는 취침에 자율 시간을 주되 새벽에 별을 보며 이야기하기와 같이 추억에 남을 만한 거리를 만들어봅니다. 프로그램명은 '별다른 이야기' 이러면 좋겠네요. 안전 부분 때문에 추진 여부를 많이 망설이게 되지요. 겁내지 말고 해보세요. 도서관에 오는 아이들은 모두 착하고 예쁜 아이들입니다. 자원봉사하실 부모님을 함께 초청해 늦은 밤에 수다 떨기를 하면 오히려 어른들이 더 좋아하실 겁니다. 한 번만 진행해보면 자신감이 생기실 겁니다.

제가 독서계에 들어와 처음 시작한 일이 독서캠프였습니다. 약 8년 전 출판도시에 입주한 중견 출판사들이 초등생을 대상으로 조그만 캠프를 열기로 뜻을 모았고 우연한 기회에 제가 진행을 하게 되었습니다. 처음엔 어떻게 해야 할지 막막했지만 횟수가 거듭되면서 프로그램이나 진행에 노하우가 생기더군요. 헤아려보니 그동안 약 천여 명의 학생이 다녀갔고. 함께해주셨던 저자와 각 분야 전문가 선생님들도 60분이 넘습니다.

독서캠프지만 책 읽기와 글쓰기를 강요하지 않고 2박 3일 동안 인문, 과학, 예술 등 각기 다른 분야를 고루 배치하여 재미를 최우선한 것이 좋은 반응을 얻었습니다. 그중에서도 기억나는 소녀가 있습니다. 처음 참가했던 4학년 때는 말도 전혀 안 하고 수업에도 소극적이던 학생이었습니다. 5학년이 되던 이듬해 학생 어머님에게 전화가 왔습니다. 학생이 또 참가하고 싶어하는데 지금까지 스스로 가고 싶다고 얘기한 것은 이번이 처음이라고요. 반갑게 맞아 주었습니다.

그리고 또 다음 해 6학년이 되어서도 참가를 했습니다. 만면에 웃음을 머금고 한층 밝아진 모습으로 장래 애니메이션 분야에서 일하고 싶다는 구체적인 꿈을 간직한 채 말입니다. 그리고 중학생이 되어서도 참가를 신청했습니다. 어머니는 참가자와의 수준 차가 나서 이제 참가가 어렵지 않을지 조심스럽게 문의해왔습니다. 저는 이제부터야말로 교육의 효과가 나타날 것이라고 대답하며 기꺼이 그 친구와 함께 캠프를 꾸려갔습니다. 보조 교사로 말이죠. 중학교 1학년 소녀는 이제 우리 캠프의 교사이자 학생들의 선배로 누구보다 아이들의 심정을 잘 이해하고 모든 일에 적극적으로 참여했습니다. 내성적이고 수동적이던 어린 소녀가 이제 앞장서서 동생들을 돌봐주기까지의 성장 모습을 지켜보는 것은 크나큰 보람이었습니다. 캠프를 통한 가장 효과적인 교육 방법은 아이들이 스스로 교사가 되어 서로 가르치는 일입니다. 그럴 때 아이들은 부쩍 큽니다.

튀어야 벼룩이지, 책 벼룩시장

최고의 프로그램이 되거나 최악의 프로그램이 되거나, 둘 중 하나입니다. 이름그대로 어디로 튈지 모르죠. 실패할 확률이 가장 높게 기획되는 경우는 다른 축제나 프로그램의 부대행사가 되는 경우입니다. 행사장에 재미난 프로그램들이 많은데 참가자가 즐기지 못하고 여기 나와 책을 팔라고 하는 것은 오히려 죄악에 가깝습니다. 참가자들이 돈을 벌려고 책을 팔겠습니까? 그저 재미로 하는 것이죠.

이참에 집에 있던 오래된 책을 정리해보고, 내다 팔 책을 손질하다가 그 안에서 잃어버렸던 자신의 소중한 흔적을 발견하게 되면 그것으로 만족입니다. 간혹 지자체에서 강제로 동원된 흔적이 역력한 행사를 보게 됩니다. 나온 분도, 나온 상품도 시들시들합니다. 시장이면 들썩들썩해야죠. 신명이 나야 합니다.

시장 안에서 공연과 전시, 체험이 자연스럽게 어우러지도록 구성해야합니다. 예정에 없던 노래자랑이 열리고, 상을 탄 사람이 흥에 겨워 음료수를 돌리고 하는 순서가 있어야 재미있죠. 그리고 참가자에 대한 보상이 따라주어야 합니다. 시장을 총괄하는 주인이면 상인과 고객 양측을 모두 만족시켜야죠. 상인이 물건을 편리하게 판매할 수 있도록 함은 물론 고객에 대한 서비스도 생각해야 합니다.

벼룩시장에 판매자로 참가하는 이에게는 가게 이름과 홍보문구를 적게 하고 이를 적극적으로 홍보해주어야 합니다. 커다란 게시판을 만들어 여기에 모아놓고 어떤 상점이 제일 독창적으로 만들었는지를 심사해서 인기상을 주면 좋습니다. 심사는 방문객이 투표로 합니다. 게시판은 택배 박스를 쌓아 만들면 편합니다. 시장이 끝나고 가장 많은 매출을 올린 사람, 가장 많이 구매한 사람을 뽑아 상을 주고 특정 시간에는 경매를 하는 것도 재미있습니다. 이를 위해 사전에 유명인사(?)에게 물건을 받으면 좋지요.

또 한 시간에 한 번씩 문제를 공표합니다. 독서캠프 때 사용한 책

송파북페스티벌
책으로 쌓은 조형물은 매우 많은 책과 작업자의 노력이 필요합니다. 축제장에는 수많은 사람의 보이지 않는 땀이 배어 있습니다.

찾기 문제가 여기서도 위력을 발휘합니다. 이런 문제를 계속 내어 참가자들이 지루하지 않고 다음 문제에 대한 호기심을 불러일으키게 하면 시장에 활기가 넘치겠지요. 아예 처음부터 닮은꼴 가족사진 찾기, 가장 오래된 사진 찾기 등 문제를 미리 내어 응모작을 모으는 방법도 있습니다.

참가자들에 대한 DB를 잘 갖추어 다음 벼룩시장을 알리고 최다 참가자에게 상을 주어 연속성을 가져가면 성공합니다. 이런 것만 제대로 운영하면 별도의 부대 프로그램을 짜느라 고생할 필요가 없습니다. 결국 벼룩시장 단독으로 가던가, 메인 프로그램이 되어야 성공합니다.

함께 하는 행사 중에 기증행사가 있습니다. 읽지 않고 책장 안에서 잠자고 있는 책을 꺼내 함께 공유한다는 취지는 좋지만 현실은 그렇지 않습니다. 지금껏 수십 차례 행사를 해봤습니다만 기증되는 책은 대부분이 쓸모없는 책이었습니다. 기증 책의 요건을 엄격히 해도 건질만한 도서는 10% 내외에 불과합니다. 책을 돌려본다는 것이 좋은 의미 같지만 내가 보지 않을 정도의 책은 다른 사람도 보지 않습니다. 더군다나 이제 돈이 없어서 책을 읽지 못하는 사람은 없지요. 도서관시스템이 잘 되어 있으니까요. 기증받은 책을 사회 시설에 재기증하겠다는 것은 가식적인 언론플레이에 불과합니다. 오히려 바자회를 크게 하거나 성금을 모아 양질의 도서를 전달하는 것이 정도(正道)입니다.

누구와, 어디로, 어떻게 가든 즐거운 '문학기행'

여행의 즐거움이야 무슨 말이 필요하겠습니까? 하물며 책을 읽고 책과 떠나는 여행이란, 생각만 해도 설렙니다. 이젠 테마여행이나 학생 현장 체험학습이 많아져 현장에 가서도 특별한 부대 프로그램이 없으면 참가자들이 조금 아쉬워할 지경입니다. 블로그나 카페를 통해서 여행지에 관한 사진부터 느낌과 맛난 먹거리까지 쉽게 찾을 수 있습니다. 또 포털 사이트의 지도 서비스는 위성사진을 통해 처음 가보는 곳인데도 여러 번 와본 것처럼 느끼게 해줍니다. 이런 것들이 여행의 설렘을 빼앗아 가기도 하죠.

문학기행은 어떤 방식으로 진행할지에 따라 준비과정이 달라집니다. 첫 번째는 작가의 생가나 문학관을 찾아가는 것입니다. 김유정, 이효석, 황순원 등 교과서에 수록된 작가의 문학관을 찾는 형태가 가장 일반적이죠. 깨끗이 정돈된 환경 속에서 전문 해설가의 깊이 있는 해설을 들을 수 있지만 그만큼 흔한 프로그램이 되어 어딘지 밋밋합니다.

두 번째는 작가가 사는 마을을 찾아가는 것입니다. 화천의 이외수, 강화도의 함민복, 거문도의 한창훈 같은 식으로 작가의 집에서 식사와 대화를 하는 등 독자로서는 평생 잊을 수 없는 추억거리가 됩니다. 다만 그럴 기회가 많지 않다는 것이 단점이죠. 개인 자격으로 방문하기란 특별한 연고가 없이는 힘들고 출판사나 단체의 이벤트로 진행되는 경우가 대부분입니다.

세 번째 경우를 추천합니다. 재미난 체험거리를 찾은 후 알맞은 책을 대입하듯 여행지를 먼저 정한 다음에 여기에 맞는 책과 작가를 정하는 것이 좋습니다. 왜냐하면 이것은 여행이기 때문에 볼거리와 먹을거리, 숙박 등이 우선해야 하기 때문이죠. 아무리 좋은 작가와 가더라도 지저분한 음식에 밤새 소음에 시달렸다면 여행은 악몽으로 바뀌죠. 만일 선정된 작가가 시간이 허락된다면, 또 독자와 연령대가 비슷해 공감되는 부분이 많다면 여행 계획을 처음부터 작가와 함께 짜는 시간을 갖도록 해보세요. 초등학교 소풍 가기 전날의 흥분을 느낄 수 있을 겁니다. 그 과정이 중요한 것이죠. 아예 한 발 더 나가서 함께 여행하고 싶은 작가만 선정하고 여행지부터 함께 논의해도 좋지요. 여행지가 작가와 관련이 없더라도 무슨 상관이겠습니까? 여행 내내 작가와 문학은 물론 세상 사는 이야기 등을 나눌 수 있어 더욱 좋습니다.

출판사에 대한
궁금증

책을 만드는 사람들 틈바구니에서 책을 이용하는 사람들과 어울려 일하다 보니 양쪽의 입장을 잘 알게 됩니다. 덕분에 출판사 모임에 가도 어색하지 않고 도서관 회의에 참석해도 왕따를 당하지는 않게 되었습니다. 때로는 이렇게 박쥐 같은 입장이 좋다는 생각도 듭니다. 그런데 출판사와 일선에서 독서 지도를 하는 교사, 사서 선생님들의 생각이 판이하여 놀랄 때가 많습니다. 서로에게 아쉬워합니다. 만나고 싶어합니다. 마치 사랑하는 감정을 표시하지 못하고 끙끙 앓기만 하는 선남선녀 같습니다. 누군가 만남의 장을 만들어야 합니다. 서로 의견을 나눌 기회를 만들어 소통하면 대한민국의 독서 수준은 뒤바뀔 것입니다. 아쉽게도 정부나 출판계, 도서관계 그 어느 쪽도 앞장서서 이런 자리를 마련할 생각은 없는 듯 보입니다. 프로그램을 직접 기획한 파주출판도시 축제에서는 이런 만남의 장을 몇 번 가졌습니다. 축제 기획의 가장 큰 매력이 누구에게도 간섭받지 않고 하고 싶은 프로그램을 마음껏 할 수 있다는 것이죠. 학교도서관 담당 선생님이나 출판사 모두 의미 있는 정보 교류의 장이었는데 시간이 짧아 충분한 대화를 나누지 못한 것이 못내 아쉬웠습니다. 평소 출판사에 관해서 궁금해하는 질문을 모아 보았습니다(모든 출판사가 이렇다는 것이 아니고 제가 아는 경우에 한해 적어보았습니다.

Q 남는 책 좀 기증해달라는데 왜 거절하나요?

A 출판인에게 책은 삶의 전부입니다. 군사정권 때 목숨을 걸고 책을 지킨 출판사들 덕분에 그나마 좋은 책이 근근이 명맥을 이어오고 있는 것입니다. 그런데 이렇게 정성 들여 만든 책이 판매되지 않고 반품되거나 서점이 없어져 출고 자체가 안 되는 상황이 비일비재합니다. 남는 책이 없습니다. 모두 팔려서일까요? 아니죠. 최소 물량만 찍기 때문입니다. 절판되어도 추가로 인쇄하기가 겁납니다. 언제 소화될지 모르니까요. 또 기증할 책이라고 훼손된 상태로 반품되어온 책을 그대로 보낼 수는 없지 않습니까? 책은 쉽게 기증받을 수 있을 것이라는 암묵적인 시각이 출판인을 서글프게 만듭니다. 만일 건설사에게 남는 아파트 좀 기증해 달라고 하면 어떤 반응이 나타날지 궁금합니다.

Q 체험 등의 프로그램이 없나요?

A 책을 읽고 사후 활동에 대한 요청이 많습니다. 출판도시만

축제는 출판사가 독자를 직접 만나 의견을
교환할 좋은 기회이기도 합니다.

해도 출판사 책방마다 매달 진행할 프로그램을 만드느라 머리를 싸맵니다. 정리해보겠습니다. 출판사는 책을 만드는 곳입니다. 활자와 그림을 이용해 독자에게 가장 적합한 수준의 가치를 전달합니다. 출판사 직원들은 여기에 훈련되어 있습니다. 가장 좋은 책을 만드는 일, 여기까지입니다. 물론 학습지나 처음부터 체험을 겨냥하고 출간하는 출판사도 있지만 아마도 여러분들이 원하는 출판사들은 책만 만드는 곳일 겁니다. 사후 프로그램을 만드는 것은 어쩌면 우리의 몫인지도 모르겠습니다.

Q 우리 행사장에 와서 책을 저렴하게 판매해주면 안 되나요?

A   예전에는 축제나 학교 바자회 등에서 특판 형식으로 많이 나갔죠. 그런데 국민들의 도서 구입비 감소는 여기라고 예외는 아닙니다. 판매 금액이 절반으로 줄었고 그것도 대폭 할인된 금액이 아니면 독자들의 지갑 열기가 어렵습니다. 출판사 영업직원들이 제일 싫어하는 고객이 현장에서 가격을 인터넷으로 조회하며 더 비싸다고 투덜대는 진상 고객이라 합니다. 또한 책은 여느 상품보다 운반이 힘듭니다. 부피가 크고, 무겁고, 비라도 올 성싶으면 걱정이 앞서는 것은 어쩔 수 없습니다.

Q 작가를 초청하고 싶은데 연락처를 알려주면 안 되나요?

A   출판사에게 작가는 씨앗입니다. 어떤 종자를 얻느냐에 따

라 풍년이냐 흉년이냐가 갈리죠. 거름을 주고 피를 뽑고 하는 것은 출판사의 몫입니다. 출판사는 훌륭한 작가를 만나고 지속적인 관계를 유지하기 위해 많은 공을 들입니다. 작가가 좋은 환경에서 좋은 원고를 쓸 수 있도록 적극적인 지원도 합니다. 작가가 독자를 자주 만나는 것도 중요하지만 행사가 많은 것이 꼭 좋은 일은 아닙니다. 작가를 책에서 만날 때 그분의 정신과 가치를 온전히 느낄 수 있지 않을까요. 새로운 작품을 창작하는 사색과 고민의 시간을 작가에게 부여하는 것이 필요합니다.

Q 간단한 이미지를 쓸 수 있나요?

A 저작권에 대한 보호가 강화되었습니다. 착각하기 쉬운 부분이 상업적인 행사가 아닌 경우이고 오히려 그 책을 홍보해준다는 의미에서 이미지를 쉽게 써도 되지 않을까 하는 생각입니다. 예전에는 단시간 하는 행사에서 한 번 쓰고 폐기할 것이라고 마구 썼습니다. 하지만 이제 사진이 인터넷상으로 돌아다녀 며칠간 사용했느냐는 의미가 없어졌습니다. 아무리 간단한 이미지라도 무단으로 사용하는 데에 각별히 조심해야 합니다. 출판사에 행사 내용을 적어 공문으로 사용 허가를 반드시 받아 놓으세요. 그리고 텍스트인 경우도 출처를 꼭 밝혀야 합니다. 한편 출판사에서 보내준 이미지의 사이즈나 해상도가 사용하기에 맞지 않는 경우가 있어 당혹스러울 때가 있습니다. 행사장에서는 대형 출력물을 만드는 등 큰 이미지가 필요

하지만 출판사에서는 이럴 필요가 없어 작은 이미지만 보관하고 있는 경우가 많습니다. 때문에 이미지 요청 시 어떤 용도로, 어떤 크기로 만들 것이라고 미리 알려주어야 두 번 일하지 않게 됩니다.

STEP. 둘

축제를
하세요

프로그램을 많이 진행했으면 이제 축제를 하세요. 축제야말로 최고의 프로그램입니다. 1년 내내, 또는 기간을 정해 이루어진 프로그램들의 결과물이 축제를 통해 새롭게 이루어집니다. 축제라고 어렵게 생각하지 마세요. 그저 소담스럽게, 참여했던 친구들이 한자리에 모여 과자 먹으면서 지난 시간을 되새겨 보는 것입니다. 그리고 진행했던 프로그램 중 제일 재미있었던 것, 아쉬웠던 것을 한 번 더 하면 됩니다.

그러니까 한 해를 시작할 때 축제를 언제 할지 정해 놓고, 1년 동안 각 도서관에서 진행하는 프로그램을 이 축제를 위한 준비 작업으로 진행해야 합니다. 그렇게 해야만 책 축제의 가장 큰 목적인 꾸준한 독서운동으로 이어질 수 있습니다.
규모 있는 책 축제들은 크지는 않더라도 예산이 투입되어 프로그램들이 좋고(물론 다 그런 것은 아니지만) 볼거리가 많습니다. 때문에 이들을 자세히 보고 벤치마킹을 잘하면 훌륭한 프로그램이 바탕이 된 멋진 축제를 만들 수 있습니다.

유홍준 교수님의 《나의 문화유산답사기》를 보면 인생도처유상수(人生到處有上手)라는 말이 있습니다. 답사지 곳곳에 가보면 선생님보다 학문과 학력은 뒤지지만 자기 분야에 있어서는 선생님도 감히 따라 갈수 없는 고수, 상수들이 많다는 뜻이죠. 여러분도 상수가 될 수 있습니다.

축제는
과정이다

  축제야말로 각종 프로그램과 인적 네트워크 등 모든 것이 어우러지는 종합문화예술입니다.

  축제를 한번 해보면 이를 통해 부쩍 큰 자기를 돌아볼 수 있습니다. 처음에는 막막하실 거예요. 과연 우리가 축제를 할 수 있을지 겁도 나고요. 축제는 이벤트 회사나 전문 문화단체가 있어야만 가능하다고 생각할 수도 있습니다.

  물론 이벤트 회사가 하면 멋집니다. 우리나라의 큰 축제는 거의가 전문 대형 이벤트 회사가 진행합니다. 그런데 책 축제는 그렇지 않습니다.

  책 축제 중 입찰방식을 통해 선정된 기획사가 전체를 총괄하여 진행하는 경우는 서울북페스티벌 정도가 유일합니다. 왜냐하면 어떤 단체가 주최하든지 축제 예산이 그리 넉넉하지 않기 때문입니다. 대부분이 지방자치단체가 주최가 되고 도서관이 주관하여 관내의 독서 관련 단체나 작가 초청 정도의 프로그램이 진행되지요.

또한 평생학습축제와 함께 열거나 도서관 주관 행사를 약간 확대하는 정도에 머물고 마는 경우도 태반입니다.

좋은 축제를 만들려면 무엇을 먼저 해야 할까요?

이제 시야를 넓혀 축제 전반에 관해 알아보는 것이 먼저입니다.

우리나라 지역 축제의 형태를 살펴보면 특산물과 문화요소를 소재로 한 것이 대부분이죠. 그리고 거의 가을에 몰려 있습니다. 축제가 너무 많다는 지적도 많습니다.

하지만 일본과 비교해보면 결코 많다고 볼 수는 없습니다. 사실 축제 시기도 주로 가을에 집중될 수밖에 없습니다. 봄 황사와 여름의 장마, 태풍을 피하고 명절과 겨울을 피하면 할 수 있는 시간이 많지 않습니다. 그러다 보니 9월 중순~10월 중순 한 달에 몰려 있습니다.

인구 감소로 갈수록 어려워지는 농촌의 현실을 감안할 때 이런 특산물과 문화산업으로 경제를 활성화 시키고 지역을 알리려는 농촌의 노력을 그리 나쁘게만 볼 일도 아니지요.

다만 문제는 축제에 놀 수 있는 문화거리가 없다는 데에 있습니다. 그 지역 주민들의 생활과 의식이 별로 반영되어 있지 않다는 것입니다.

일반적인 지역 축제를 살펴보죠. 연초에 축제 예산이 배정됩니다. 지자체로서는 그나마 지역을 알리는 가장 효과적인 수단이고 주

캐릭터가 총출동한 강동북페스티벌
같은 프로그램이더라도 조금만 형식을
바꾸면 자기만의 독특하고 재미있는
프로그램이 됩니다.

민들이 한자리에 모여 단합을 과시하고 특히나 기관장이 본인을 알릴 수 있는 가장 효과적인 방법이므로 의욕적으로 시작됩니다. 그런데 예산을 절감해야 할 사정이 생겨 항상 행사 규모가 줄어듭니다. 그리고 기획사에 전체 진행에 관해 입찰을 하거나 공연 등만 진행을 맡깁니다. 그리고 주민들은 지역 특산물 판매에만 전념하죠. 어떤 곳은 판매도 외지인에게 임대를 주어 타 지역 특산물이 들어오는 경우도 있습니다. 또 이상 기온 때문에 농수산물 축제는 참 어렵습니다.

그래서 꽃 없는 꽃 축제, 오징어 없는 오징어 축제가 되고 한번 실망한 관람객을 다음 행사에 또 오게 하기가 매우 어렵게 됩니다.

빈약한 예산으로 하다 보니 외지인들의 첫인상인 화장실, 교통, 안전 등에는 손도 못 대지요. 거의 같은 프로그램으로 진행됩니다. 어디 가나 비슷한 공연과 저렴하지 않은 상품들이 즐비하다 보니 축제가 특색이 없다, 재미가 없다고 느끼는 것입니다. 또한 똑같은 프로그램 때문에 우리나라는 축제가 너무 많다고 느끼게 되는 것이지요.

그러면 어떻게 해야 할까요? 축제를 단기간에 해서 그렇습니다. 축제 기간이 짧아서 그렇습니다. 전 일 년 내내 축제를 해야 된다고 믿습니다.

축제를 3일~일주일 정도 하니 이 기간에 매출만 많이 올리면 된다고 생각하고 그 지역 사람들은 보이지 않습니다. 축제란 첫 번째로 그 지역 분들이 즐거워야 합니다. 이제 특산물은 사시사철 집 앞 대형마트에서 산지보다 더 싸고 더 신선하게 살 수 있습니다. 축제장에 가는 이유는 그 특산물과 어울리는 문화를 체험하러 가는 것입니다. 그런데 평소에 그 문화를 만들 지역문화 기획자가 없습니다. 기획자가 거시적인 안목으로 꾸준히 준비해야 합니다. 일본의 예가 그렇지요. 하지만 우리의 현실은 이런 방법을 용납하지 않는다는 것이 안타깝습니다.

  열정적이고 풍부한 창의력을 겸비한 기획자의 지도 아래 프로그램은 주민들이 만들고 진행해야 합니다. 평소의 생활은 이 프로그램을 만들기 위함입니다. 그리고 그것이 바로 축제입니다. 이 단계부터 축제가 진행되죠. 갈치 축제라고 하면 누가 프로그램을 제일 잘 만들겠습니까? 갈치를 잡는 어부겠지요. 감 축제는? 감을 기른 농부입니다. 책 축제는? 책을 만든 사람(출판사)이나 책을 읽는 독자(도서관)겠지요. 엉뚱한 사람이 축제에 끼어드니 프로그램이 이상해지고 프로그램의 특색이 없어지는 것입니다. 어느 지자체의 경우 책 축제 전체를 외부 입찰을 하다 보니 책과는 전혀 상관없는 기획사가 선정됩니다. 그러다 보니 진부한 프로그램이 진행됩니다.

  책은 좀 독특합니다. 출판사 분위기, 작가, 도서관, 독자들을 잘 알아야만 합니다. 제가 수년 전 출판계에 처음 들어와 서울국제도서전을 맡았을 때 매우 혼란스러웠습니다.

  '내인생의책'이 도서명인지, 출판사 이름인지, 프로그램 이름인지,

일반 명사인지(내인생의책은 출판사 이름입니다), 또 '푸른나무', '푸른숲', '푸른역사', '푸른길', '푸른날개', '푸른책들'…… 이 출판사들이 서로 어떤 연관이 있는지(별다른 연관 없습니다), 전혀 몰랐습니다.

책 축제는 책을 잘 알고 책과 관련된 사람들이 만들고 진행해야 합니다. 국내 최고의 기획사가 참여한다고 해도 책에 관해서는 여러분만큼은 모릅니다. 여러분이 만드는 프로그램이 가장 훌륭한 프로그램입니다.

축제 기획자의
조건

일할 때는 어떻게 해야 할까요?

하나, 힘 빼시고 대충 하세요

저는 SBS의 오디션 프로그램 'K-POP스타'를 좋아합니다. 치열한 예선을 거치는 과정이 압권인데요, 실력이 부족한 참가자가 자기에게 맞는 기획사의 지도를 받아 갑자기 달라진 모습으로 발군의 실력을 보이는 과정이 재미있습니다. 특히 3명의 심사위원의 평가가 엇갈리며 긴장의 끈을 놓지 않게 만들지요. 그들의 심사평 중 특히 박진영 씨의 이야기가 인상적입니다. 노래에 힘을 주지 말고 대충 부르라는 대목입니다. 노랫말을 내 것으로 받아들여 말하듯이 부르면 가슴으로 전달되고 청중은 감동한다는 것입니다.

축제 기획도 똑같습니다. 너무 열심히 하지 마세요. 모든 것을 완벽하게 하려고 하지 마세요. 축제의 성공으로 승진하거나 돈을 벌거나 세인의 관심을 받을지 모르지만 그 과정에서 당신은 많은 사람을 잃게 됩니다. 사람이야말로 가장 소중한 자산이라는 것은 모두 아는 진리입니다. 그럼에도 불구하고 왜 잠깐의 일을 위해 소중한 것을 놓치는지 이해가 되지 않습니다. 어깨 힘 빼시고 내가 모든 것을 다한다는 생각을 내려놓으세요. 느긋한 마음으로 전체를 바라보고 세부 내용은 천천히 관람객의 입장에서 바라보세요.

둘, 한 번에 성공하려 하지 마세요

우리나라 축제 중 한 번 하고 끝나는 축제가 매우 많습니다. 축제라는 것이 원래 정치적인 요소가 깃들어 있기 때문에 단체장의 교체와 예산 확보의 실패 등으로 첫 행사를 멋지게 치렀음에도 사장되는 경우가 종종 있습니다. 이것은 축제를 도입할 때 개최에 대한 보편타당한 이유 없이 시작했기 때문입니다. 간절함 없이 정치적인 논리와 의무감, 유행성으로 여니 생명이 없기 마련입니다. 축제는 최소 세 번은 해야 겨우 자리를 잡습니다. 첫 축제는 뭣도 모르고 시작합니다. 당연히 시행착오가 있기 마련이죠. 그 경험을 바탕으로 두 번째 축제를 열고 여기에서 자신감을 얻어 세 번째 하는 축제가 비로소 자기 색깔을 보이는 축제가 되는 것입니다.

올해 축제를 내년을 위한 홍보의 장으로 생각하고 준비해보세요. 연속성이 살아납니다. 관람객들에게 예측 가능한 기회를 줍니다. 자연히 프로그램이 좋아질 수밖에 없습니다. 아울러 축제를 처음 기획하고 준비한 담당자에게는 3년 정도의 업무 고정기간을 주어야 합니다. 담당 공무원이 바뀌거나 축제위원회의 스태프가 단기 계약직인 사례들이 축제의 발전을 가로막습니다. 3년간 자문을 맡았던 한 축제가 주최 측 담당 공무원, 대행사, 현장 담당자 등 모두가 인사이동으로 바뀐 적이 있습니다. 바로 전 해의 축제에 대해 아는 사람이 저밖에 없는 황당한 경우였습니다. 이래서는 축제의 성공을 바라기가 어렵습니다. 물론 본인의 의사와는 상관없이 담당 여부가 결정되기도 하지만 이 업무만큼은 본인이 계속 추진해야 한다는 당위성과 사명감을 만들어주시기 바랍니다.

셋, 당신이 정답입니다

밤을 새워 가며 축제를 준비했다는 얘기를 많이 듣습니다. 그런데 그럴 때면 열심히 했구나 하는 위로와 측은함보다는 도대체 평상시에는 무엇을 했기에 밤을 새워 일을 하는가 하고 화가 날 때가 많습니다. 이런 이유는 스태프의 잘못보다는 의사 결정 위치에 놓인 사람들이 결정을 빨리 해주지 않아서 그렇습니다. 또 다른 이유는 행사일이 임박해서 바꾸기 때문입니다. 도대체 회의를 어느 정도 해야 할까요?

회의는 최초 기획 단계의 브레인스토밍 시에만 필요합니다. 많은 사람이 자주 해봐야 결정만 늦어집니다. 확신이 서면 치고 나가세요. 공직에 계신 분들은 절대 확신이 없으시겠지만 많은 부분을 담

자연 그대로의 책나무를 만든 성북북페스티벌
현장에 있는 시설물을 그대로 이용하는 아이디어가 필요합니다.

용인작은도서관협의회 축제
축제는 새로운 것을 하는 게 아닙니다. 평소 만나던 사람들이 부담 없이 모여 논다고 생각하세요. 축제의 주인공은 '남'이 아니라 바로 '나'입니다.

당자에게 일임해야 합니다.

　축제에 정답은 없습니다. 놀자는데 무슨 정도(正道)가 있습니까. 내빈이 아닌 일반 관람객의 입장에서 바라보세요.

머릿속에는 무엇을 담아야 할까요?

하나, 정보력을 담으세요

세상에 완벽하게 새로운 것은 없다는 말이 있습니다. 그렇습니다. 우수한 기획자는 세상에 없던 것을 새롭게 창조하는 기술보다는 기존에 있는 것을 잘 조화시켜 새로운 것 같은 느낌을 갖게 만드는 것이 더 필요합니다. 그러기 위해서는 결국 많은 것으로 보고 듣고 다녀야죠.

　이 부분이 바쁜 기획자에게는 아쉬운 부분입니다. 저도 다른 축제를 보고 즐기고 싶은데 현실은 녹록지 않습니다. 축제를 비롯한 각종 행사가 5월과 9, 10월에 몰려 있기 때문입니다.

　자기가 진행하는 행사에 바빠 정작 다른 축제는 볼 시간이 없는 것이 축제 기획자들의 현실입니다. 그럴 땐 어떻게 할까요? 다녀온 사람을 통해 사진과 리플릿을 보고 정보를 얻는 수밖엔 없습니다. 제게 축제에 대한 강연을 들으신 분 중에 제가 못 가 본 축제에 가서 리플릿을 한 아름 가져다주신 분이 계십니다. 중요한 리플릿에는 평가까지 상세히 적어 참고하라고 주셨습니다. 다른 어떤 선물보다 고

마웠습니다. 또 해외 도서전에 다녀온 편집 디자이너에게도 행사장의 생생한 사진과 소중한 자료를 받은 적이 있습니다.

될 수 있으면 많은 리플릿을 모으세요. 행사 후에는 방문객들이 블로그에 올려놓은 사진과 느낌을 적은 글도 참고가 됩니다. 인터넷을 검색하며 특이한 전시물, 재미있는 사진, 각종 정보를 즐겨찾기에 저장해 놓고 틈나는 대로 보시면 됩니다.

역사 이야기를 다작하기로 유명한 이수광 작가와의 만남 시간에 다작의 비결을 물어보니 평소에 시간 나는 대로 실록을 읽는다고 하더군요. 그중에 특이한 사건, 공통된 사건을 모아 여기에 스토리를 입혀 우리에게 재미있고 흥미진진한 역사 이야기가 나오게 됩니다. 그분은 역사학을 전공한 분이 아닌데도 많은 정보를 얻을 수 있는 자기만의 길을 터놓고 계셨습니다.

둘, 순발력을 잃지 마세요

행사장에서는 모든 일이 절대로 계획대로 움직여지지 않습니다. 전혀 예상치 못한 일이 일어나죠. 당황하지 마시고 머리를 조금만 돌려보면 쉽게 풀립니다.

이런 일이 벌어졌다고 가정해보죠. 간혹 주최 측 관계자나 행사팀 관리자 중에는 현장에서 실무자를 붙잡고 그런 일이 벌어진 이유에 대해 캐묻고 논쟁하는 분이 있습니다. 마치 자기 집에 불이 났는데 끌 생각은 하지 않고 왜 불이 났느냐고 소방관에게 따지는 꼴입니다. 현장에서는 원인을 찾지 말고 해결책을 찾아야 합니다. 빈번하게 일어나는 사고가 공연 출연자가 늦게 오는 경우입니다. 대체 공연자를 현장에서 빨리 섭외해야 합니다. 그래서 스태프는 화려한 스펙보다 음악, 미술, 건축 등 다양한 분야에서 골고루 구성해야 하는 것입니다.

사회자가 없으면 여러분이 직접 사회를 보세요. 당신이야말로 행사 내용을 누구보다 잘 알고 있는 사람이기 때문입니다. 평소에 재미난 유머나 성대모사 하나쯤은 연습해 놓아야지요. 자원봉사자나 일일 스태프가 관람객에게 실수할 수도 있습니다. 그때는 그 요원을 일단 현장에서 철수시킵니다. 서로 흥분해 있는 상태이기 때문에 사태가 더 악화될 수 있습니다. 전후 사정을 빨리 파악하고 관람객에게 책임자로서 사과하면 됩니다. 설령 잘못을 저지르지 않았더라도 그 순간을 빨리 종결시키는 것이 좋습니다. 그리고 요원을 찾아 격려하세요. 모두가 소중한 우리의 가족입니다.

셋. 다양성에 관한 이해가 필요합니다

여기에서 다양성은 문화 장르나 외국의 다양한 문화 이해에 대해 얘기하는 것이 아닙니다. 이런 다양성 이해는 당연한 것이고요, 사람마다 갖고 있는 다양한 사고에 대한 이해에 대해 말씀드리고 싶습니다. 빨간색이 좋은 사람이 있으면 파란색이 좋은 사람도 있고 노란색이 좋은 사람도 있습니다. 그런데 우리는 빨간색과 빨간색이 아닌 색, 이런 식으로 구분합니다. 처음부터 내 생각과 다른 것은 모두 적으로 간주합니다. 타협의 여지가 별로 없습니다.

여러분만큼은 그러지 않기를 바랍니다. 항상 비판적이고 강하게 얘기하는 분은 애정이 많아서, 무관심하신 분은 내심은 그렇지 않지만 표현이 서툴러서 그런 것이라고 생각하세요.

아이러니하게도 축제 끝나고 모든 관계자가 함께 식사하는 자리가 많지 않습니다. 준비 중에 서로 얼굴 붉히는 일이 발생하여 서로 서먹해져서 그렇습니다. 축제 후에 서로 원수를 만들어서야 되겠습니까. 넓은 아량으로 모든 사람을 이해해주는 것도 기획자가 가져야 할 덕목입니다.

기획이라는 일은 신 나고 재미있는 일이기도 하지만 외롭고 답답한 일이기도 합니다. 정상의 기획자도 새로운 프로젝트를 맡아 일을 할 때마다 똑같은 심정이죠. 힘든 일이 더 많은 것이 당연합니다. 성황리에 행사가 모두 끝나고 텅 빈 축제장에 마지막까지 남아 있는 것도 기획자 바로 당신이어야 합니다.

축제가 성공했다고 자평하지 마세요. 자만하지 마세요. 나서지 마세요. 조연이 되십시오. 그래도 축제 참가자들은, 세상은 알아줍니다. 당신이 정말 주연인 것을 말이지요.

누구나 뛰어난 축제 기획자가 될 수 있습니다. 열정만 있으면!

축제의
첫걸음

자, 이제 본격적으로 축제 준비를 시작해 볼까요?

맨 처음 누군가 축제를 하자고 제안합니다. 공무원이 되었든, 초등학생이 되었든, 어머님들의 사적인 모임에서 불현듯 이야기하듯 해도 좋습니다. 그리고 주위에 있던 사람들이 그게 좋겠다고 공감을 하지요. 역사적인 순간이지요. 이 순간 축제는 시작됩니다. 그 아이디어가 나온 순간 할 일은, 기록으로 남기는 것입니다. 핸드폰을 찍어서 사진 한 장, 찰칵. 자, 이제 되었습니다. 우리나라는 기록의 나라지요. 무엇이든 남기세요.

예산이 확보되어 내려오는 경우를 생각해 볼까요? 무엇을 하든 예산이 들어가지요. 그런데 처음부터 예산을 받았다고 좋아할 것 하나도 없습니다. 돈을 많이 받을수록 골치 아픕니다. 나랏돈을 누가 함부로 쓰는 것을 용납하겠습니까? 또 어떤 축제를 하든 예산은 부족하기 마련이지요. 100만 원을 받든 10억을 받든 그 예산에 맞추어 짜다 보면 또 모자랍니다.

처음부터 예산의 많고 적음을 탓하지 마세요.

언제, 어디서 할까요?

맨 처음 할 것은 축제일과 장소를 정하는 것입니다. 아이러니하게도 가장 기본적인 이것을 정하는 데에 무척 많은 시간이 걸립니다. 저는 이 두 개만 정하면 축제의 반은 했다고 봅니다.

앞서 얘기한 명절, 기후를 고려한 일정 외에도 학교시험, 비슷한 축제(예컨대 평생학습축제) 시기도 잘 보아야 합니다. 그래서 어떤 곳은 책 축제를 메인으로 하고 교육에 관한 행사를 모두 모아 한꺼번에 하는 곳도 있습니다. 책에 대한 특화 프로그램은 다소 떨어질 수 있지만 주로 어린이와 청소년이 온다는 것을 고려한다면 이 방법도 좋아 보입니다. 또 연휴 때 하는 것도 피하는 것이 좋습니다. 가족 단위 관람객들이 외부로 많이 나가기 때문이죠.

명절 다음 주도 좋지는 않습니다. 행사 준비할 시간이 부족하기 때문이죠. 인쇄소도 명절에 쉬는 데다 그 전에 밀린 일정까지 소화하려니 각종 출력물이 늦게 나오기 마련입니다. 추가 작업을 의뢰하려면 결국 비용이 더 들어가지요. 비 오는 거야 하늘의 뜻에 맡기더라도 조금만 주의를 기울이면 충분히 알 수 있는 지역 정보를 무시해서는 안 됩니다.

축제 기간은 행사 규모와 예상 방문 관람객 정도에 따라 다르지요. 처음 하거나 작은 도서관 단위인 경우, 하루만 축제를 해도 충분합니다. 그런데 준비를 하다 보면 하루만 하기에 너무 아깝다는 생각이 들 때가 있어요. 특히 적지 않은 예산으로 공을 들여 설치한 시설물인 경우 그렇지요. 또 당일 날이 궂으면 회복할 기회가 없습니다. 그래서 앞서 강조한 대로 전시 시설물을 비롯한 각종 프로그램 산출물이 연속성을 가져야 한다는 것입니다. 축제가 끝나고도 계속 이어지는 것, 축제는 하나의 과정이라는 것이 이런 이유 때문입니다. 이런 연장선에 놓고 보면 시설물이 아깝지 않습니다. 하루만 사용할 것이 아니므로 더욱 정성을 기울여 만들게 됩니다.

혹자는 하루 축제하려고 이렇게 많은 시간을 준비하느냐, 너무 비효율적이지 않느냐고 하시는 분이 있습니다. 유명 가수가 무대에서 노래 한 곡을 부르는 시간은 기껏해야 3분 내외입니다. 그런데 그 가수는 그 한 곡을 부르기 위해 수천 번을, 수년간 연습합니다. 그에 비하면 이런 기간은 아무것도 아니지요.

관람객이 얼마나 올지는 아무도 모릅니다. 관람객이 안 와도 문제지만 많이 와도 문제지요. 체험 재료를 준비하거나 화장실, 교통 등에서 예상과 다른 인원이 오면 몹시 당황하게 됩니다. 첫 축제에 오는 인원은 물론 방문 연령, 방문객이 가장 많이 몰리는 시간 등을 세심히 살펴 다음 축제 때 효과적으로 대처하는 수밖에 없습니다.

만일 축제 지역이 학생이 많고 도심인데다 축제일이 토요일이라면 관람객은 오전에 많이 옵니다. 오전에 일찍 축제에 들렀다가 오후에는 바람 쐬러 외곽으로 나가려는 경향이 있기 때문입니다. 학생들도 토요체험학습의 습관 때문에 오전에 무언가 하려 합니다.

도심과 떨어져 있거나 일요일인 경우에는 오후에 많습니다. 심리상 일요일 오전은 쉬거나 종교 활동을 하고 오후부터 여유롭게 움직이는 분이 많습니다.

벌써 머리가 아프십니까? '생각보다 많은 사람이 왔다. 행사 기간이 짧아 아쉬웠다'는 반응이 나온다면, 성공한 것입니다. 이래야 다음 축제를 더 크게, 더 길게 할 수 있습니다. 그리고 가장 중요한 점이 하나 있습니다. 사람을 많이 오게 하려고 힘을 쏟지 말라는 것입니다. 아니, 홍보도 하지 말라고까지 하고 싶습니다.

제가 수년 전 파주출판도시 어린이책잔치를 준비할 때였습니다. 접근성이 떨어지고 지역이 워낙 넓어 조금이라도 많은 분을 모시려고 열심히 홍보하였습니다. 그런데 축제 조직위원장을 맡으신 원로 출판인께서 저에게 말씀하셨습니다. "박 선생, 너무 열심히 홍보하지 마세요. 오신 분만 잘 챙기세요." 이 말이 무슨 뜻인지 몰랐습니다. 축제가 입소문이 나면서 관람객이 많아지자 드디어 그 말이 무슨 뜻인지 알 수 있었습니다.

만 명이 와서 한 명이 불편을 느끼고 인터넷에 글을 올리면 많은 사람에게 그 축제는 좋지 않은 축제로 인상이 남습니다. 백 명이 와서 모두가 만족하고 한 명이 좋은 글을 올리면 그 반대의 상황이 벌어지겠죠. 방문한 관람객 한 명 한 명에게 최선을 다해 고마움을 표시해야 합니다.

관람객이 많이 왔다고 축제가 성공했다고 할 수는 없습니다. 관에서 주관하는 행사는 참가 인원이 제일 중요하죠. 그래서 약간 부풀리기도 합니다. 오신 분들이 만족했다면, 축제에 참가한 어린이 중 단 한 명이라도 "엄마, 책 축제 언제 또 해?"라고 묻는다면 그 축제는 성공한 것입니다.

매년 5월 5일이면 도서관에서, 파주출판도시에서 어린이책잔치가 열립니다. 멀리 파주까지 오는 친구들을 보면 정말 고맙습니다. 어린이날이면 당연히 가야 될 것만 같은 놀이동산으로, 유원지로 가지 않고 책이 좋아 책 축제장을 찾는 친구들에게 우리가 어떻게 함부로 하겠습니까? 저녁 TV 뉴스에는 어김없이 테마파크를 찾아 긴 줄을 선 가족들을 보여줍니다. 왜 매년 똑같은 장면과 비슷한 멘트를 들려주는지, 방송 기자가 생각보다 쉽구나 하는 생각마저 듭니다. 언젠가는 세상에서 가장 예쁜 모습, 책 축제장을 찾은 아이들의 얼굴이 TV에 가득하길 바랍니다.

다음은 축제 장소입니다. 도서관, 공원, 길거리, 구청, 운동장 등 다양한 장소가 있겠지요. 모두 처한 상황이 다르기 때문에 이것은 각자 정해야죠. 이 분야에서는 관의 협조가 절대적입니다. 때문에 접근성, 주차, 민원 등 모든 것을 고려하여 담당 공무원과 상의하는 것이 제일 좋습니다. 장소를 고르다 보면 우리나라의 도시 구조에 관해 생각하게 됩니다. 평소에 아무 생각 없이 지나쳤던 우리 동네를 다시 한 번 뜯어보게 됩니다. 그리스의 아고라 같은 광장이 우리에겐 없기 때문에 마땅히 할 만한 장소가 없습니다.

신도시에는 있지 않으냐 하지만 여기엔 나무가, 그늘이 부족합니다. 사람들이 모일 일이 없다는 것이지요. 우리의 생활이 많이 개인화되었다는 것을 여기서도 느낄 수 있습니다. 장소를 하나씩 살펴볼까요. 도서관이 제일 좋기는 합니다. 책이 가까이 있어 이를 활용하여 많은 프로그램을 이끌어내는 것이 가능합니다. 또 도서관을 좀 더 편하게 느끼게 하여 축제의 가장 큰 목적인 책과 도서관을 가까이할 수 있는 점 등이 장점입니다. 다만 대부분의 도서관이 부지가 좁다는 것과 행사 소음으로 다른 이용자들이 불편을 느낄 수 있다는 단점이 있지요. 또 도서관에서 근무하는 선생님들에게 또 하나의 업무가 될 수 있어 기존의 업무에 지장을 초래할 수도 있습니다.

공원은 넓고 음향에 대한 민원 걱정이 없어 좋습니다. 그러나 행사 중 인원을 한데 모으기 어렵고 부스와 무대 등 설치비가 들어가는 점, 우천에 취약한 부분이 단점이죠. 일부 공원은 판매 행위가 금지인 경우도 있습니다. 출판사가 참여할 경우 책의 판매가 함께 이루어지므로 사전에 알아두어야 합니다.

길거리에서 하는 축제로는 와우북페스티벌이 대표적인데 이런 경우는 전문단체가 아니면 진행이 어렵습니다. 거리에서 하는 축제야말로 진정한 축제입니다. 거리, 골목이야말로 사람의 삶이 오롯이 담긴 곳이기 때문입니다. 시민 개개인이 각자 개성 있는 퍼레이드를

미국의 독서주간
포스터 75년
MORE BOOKS, PLEASE!
After all-there is nothing
like A GOOD BOOK!
존 그리샴
vs
댄 브라운
13 1/2 인생

하면서 축제를 즐기는 모습이 외국에서는 흔하죠. 우리에겐 참 어렵습니다. 거리를 막으면 주차, 교통, 시설, 전기, 민원 등 해결해야 할 과제가 한두 개가 아닙니다. 수년 전에 신촌을 차 없는 거리로 지정해 축제를 만들려고 검토했다가 두 손 든 적이 있습니다. 엄두가 나지 않더군요.

근래에 신촌 인근의 대학생들이 만든 문화기획단체 '청출어람'에서 이 계획을 진행하는 것을 보고 매우 놀랐습니다. 이 계획을 진행하기 위해 얼마나 많은 노력을 했을까. 상인들을 한 분, 한 분씩 만나가며 설득했을 테고, 구청과 경찰서를 수십 번 드나들었을 테고, 거리 프로그램을 만들려고 또 얼마나 밤을 지새우며 머리를 싸맸을까요. 젊은 열정이 있었기에 가능한 일입니다.

거리축제는 문화단체 힘만으로 안 됩니다. 관에서 이해하고 도와주지 않는 한, 주변 상인들의 절대적인 지지가 없으면 불가능합니다. 그런 점에서 이제 자리를 잡은 홍대 앞 거리의 와우북페스티벌은 책이 거리로 나와 성공한 유일한 경우죠. 지역의 독특한 분위기와 어우러져 책의 매력에 빠질 수 있습니다.

구청광장에서도 행사를 많이 하는데 지역 관내에 넓은 장소가 없기 때문입니다. 협조가 잘 되고 홍보도 걱

● **파주출판도시 가을책잔치**
평소에 꾸준히 모아 놓은 자료가 축제 기획 시 진가를 발휘합니다.

●● **파주출판도시 어린이책잔치**
흔적을 남기는 프로그램을 만드세요. 거기에서 참가자들은 나도 했다는 자긍심을 느끼고 다음 축제에도 또 참가하게 됩니다.

정 없고 인원 동원(?) 면에서도 유리합니다. 다만 관청에서 하다 보니 공식행사의 느낌이 있습니다. 자치단체장과 지역 의원들의 인사는 필수가 되고 이런저런 이해관계 때문에 관변 단체가 참가하는 바자회 같은 느낌이 납니다.

물론 이런 행사를 통해서라도 그동안 몰랐던 우리 지역의 많은 단체의 활동에 대해서 알 기회가 될 수는 있겠지요. 관과 민이 적당히 조화되면 가장 이상적인 축제가 됩니다. 문제는 어떻게 조화시키느냐는 것인데 초기 기획 단계 때 준비위원회를 만들어 프로그램의 기획과 운영은 시민 단체가, 홍보와 사무 지원은 관청이 맡도록 업무 분장만 확실히 하면 성공할 확률이 높습니다. 가장 이상적인 거버넌스(공공경영)가 될 수 있습니다.

준비위원회에 어떤 분들이 어떤 생각으로 참여하느냐가 중요합니다. 위원들이 단순히 회의에만 참석하여 의견만 내놓는 정도로는 안 됩니다. 적극적으로 참가해야지요. 하나의 프로그램을 맡아 책임지고 진행하는 프로 정신이 필요합니다. 인천 연수구를 비롯한 지자체에서 이런 방식으로 축제를 진행하기 시작했습니다.

이 밖에도 운동장, 어린이 놀이터에서 하는 경우도 있습니다. 어린이가 주 대상이라면 그들이 평소에 자주 가는 친근한 장소에서 하는 것이 가장 좋습니다. 시설물을 활용하기도 좋고 주민들도 반바지에 슬리퍼 차림으로 집에서 먹던 간식을 들고 나올 수 있는 가장 멋진 장소입니다. 서울 성북구의 '책 숲에서의 하루' 축제가 이런 경우였습니다. 책을 읽다가 지치면 미끄럼과 그네를 타고, 허기지면 간식 먹다가 공연 보는 일정. 하루가 짧죠. 이쯤 되면 아이들의 입에서 "책 축제 언제 또 해요?"라는 말이 나올 수밖에 없습니다.

이런 축제는 이제 하나만 신경 쓰면 됩니다. 그게 뭘까요? 바로 아빠들이 오는 것입니다. 방에서 TV만 보던 아빠가 더부룩한 모습으로 축제장에 와서 우연히 프로그램에 참가하고, 가족들이 평소에 못 보았던 아빠의 새로운 모습에 감동하고, 멋지다며 옆집 가족들이 인사하고, 이 기회에 우리가 프로그램을 만들어 다음 축제 때는 직접 진행해보자고 이야기된다면…… 생각만 해도 가슴이 벅찹니다. 다행히 최근에는 이런 아빠들이 많이 늘어나고 있어 다행입니다. 아빠들이 이끌어가는 멋진 축제가 탄생하길 바랍니다.

2012년 관악구와 강서구의 아파트 놀이터에서 비슷한 축제를 조그맣게 벌인 적이 있습니다. 하필이면 재활용 분리 수거일에 행사가 잡혀 체험부스 옆에 수거함이 놓이는 등 난감했습니다. 그런데 놀라운 일이 벌어졌습니다. 모든 세대에서 재활용품을 들고 나오게 되니까 자연스럽게 모두 축제에 참여하게 된 것입니다. 책 벼룩시장을 열고 참가자들을 위한 이벤트를 열어주니 집마다 책을 들고 나와 시장에 참가하게 되었습니다.

이 두 곳은 아파트 내에 도서관이 있는 경우였는데 축제를 통해 아파트에 도서관이 있다는 것을 처음 안 분들이 많았습니다. 후에 이용자들과 봉사자들이 많이 늘었다는 소식을 들어 기뻤습니다. 이런 행사를 세 번만 하면 지역의 명물로 자리 잡을 수 있습니다.

　모든 것이 완벽한 축제 장소는 없습니다. 어느 장소이건 장, 단점이 있습니다. 중요한 것은 축제를 준비하는 위원회에서 충분히 검토하여 정하고 한 번 정하면 바꾸지 않는 것입니다. 그렇기 때문에 축제위원회는 민간으로만 구성되어서는 안 되고 지역 사정에 밝은 공무원이 포함되어야 합니다.

　행사를 기획하다가 보면 이런저런 이유로 행사 일자와 장소가 바뀌는 경우가 있습니다. 이것이 갑자기 변경되면 그 밑의 모든 것이 우왕좌왕 갈피를 잡지 못하게 됩니다. 행사일과 장소의 선정, 이것만 잘하면 축제의 90%는 성공했다고 해도 과언이 아닙니다.

누가 할까요?

　자, 이제 일자와 장소가 정해졌으면 일할 팀을 만들어야겠죠. 이 부분은 조금 복잡합니다. 축제의 규모가 어느 정도냐에 따라 달라집니다.

　정부에서 추진하는 대형축제인 경우에는 조직위원회가 만들어지죠. 여기에 각 분야의 내로라하는 전문가들이 소속되어 맡은 분야를 진행합니다. 그러니까 일을 하는 스태프끼리 서로 모르는 경우도 많죠. 중형급 축제는 추진위원회 또는 주관하는 부서에서 맡아 하는데 행사의 예산 집행 문제 때문에 기획사를 입찰 공모하여 적격한 업체를 선정하는 경우가 많습니다. 이렇게 되면 업체 선정의 투명성,

전문가에 의한 진행의 매끄러움을 담보할 수 있어 공무원들이 편하게(?) 생각하는 경우입니다. 하지만 만일 선정된 기획사가 부실하거나 입찰을 낸 관청과 불협화음이 생기면 일이 걷잡을 수 없을 만큼 어려워집니다.

관에서는 이런 것에 대한 우려 때문에 입찰 공고를 낼 때에 최근 몇 년 이내에 얼마 이상의 금액으로 행사를 한 실적이 있는 업체로 자격 제한을 합니다. 그런데 이에 대한 부작용이, 대형 기획사가 아닌 중소 기획사나 단체는 입찰의 기회마저 주어지지 않아 문화 기획단체가 성장하기 어려운 풍토를 만들게 됩니다. 기획사의 부실을 우려해 계약이행 보증금 또는 이에 상당한 보험을 요구합니다.

우리가 할 책 축제는 이 정도는 아닙니다. 예산 자체가 턱없이 부족하니까요. 전체 행사에 대한 공개입찰은 서울북페스티벌 정도만 시행되고 대부분은 수의계약으로 진행됩니다.

축제할 사람이 모이는 조직을 만들기 전에 용어에 대한 정리를 알아놓으면 헷갈리지 않습니다. 조직 체계는 축제 개최 경위, 예산의 흐름, 지역별 사정 등 다양한 이유 때문에 다를 수 있기 때문에 일반적인 경우를 말씀드립니다. 조직위원회란 축제의 탄생부터 모든 것을 포함한 큰 조직의 이름입니다. 위원장은 보통 관청의 장이 맡고 위원들은 지역 및 각 분야의 명사들이 맡습니다. 보통 명예직인 경우가 대부분이죠. 이분들이 실무를 맡아하기는 어렵기 때문에 그 밑에 추진위원회가 따로 구성됩니다. 추진위원장이 지역에 상주하며 본격적으로 일을 주관합니다. 그리고 이 일을 더욱 세부적으로 실행하기 위해 사무국이 구성됩니다.

그래서 우리가 어느 축제에 진행으로 참가하고 싶으면 행사의 홈페이지에 구성된 사무국으로 연락해야 합니다.

다음은 주최, 주관, 후원, 협찬 등에 관한 용어인데요. 쉽게 말해서 주최는 이 축제의 예산이 나온 곳입니다. 민간기업에서 예산을 내어 행사할 수도 있겠지만 책 축제는 그런 경우가 거의 없어 주최는 주로 관청이 됩니다. 주관은 일을 맡아 하는 곳입니다. 관청이 될 경우도 있고 입찰을 받아 진행하는 기획사가 될 경우도 있고 작은 모임이 될 경우도 있습니다.

만일 자기 예산으로 자기가 일을 한다면 주최와 주관이 같을 수도 있지요.

후원은 말 그대로 뒤에서 도와주는 곳입니다. 금품이나 물품으로 도와줄 수도 있고 인원을 파견하여 도와줄 수도 있지요. 또 정부기관이나 단체의 명칭만으로 후원하는 경우도 있습니다. 공신력이 있는 기관이 후원한다고 하면 대외적으로 홍보의 효과가 더 늘어나겠죠. 정부 기관에서는 그 행사의 명칭 후원이 공익의 목적에 부합된다고 판단되면 행사내용, 안전계획 등을 면밀히 검토하여 승인 여부를 결정합니다. 그러니까 꼭 후원이 많이 들어간다고 해서 예산이 큰 것은 아닙니다.

문제는 일반 회사의 후원입니다. 행사를 하다 보면 항상 예산이 부족하여 기업의 금품을 후원받는 경우가 많습니다. 당연히 프로그램 진행에는 숨통이 트일 수 있지만 자칫하면 독이 될 수도 있습니다. 후원을 받았으니 그 기업체에는 당연히 그에 상응한 대가를 주어야겠지요. 보통 홍보나 판매부스를 제공합니다. 그러나 과도하게 후원을 받으면 그 기업체에 끌려갈 수가 있습니다. 좋은 기업체로부터 적당한 후원을 받고 그 기업체와 축제의 이미지를 최대한 조화시키는 것 역시 기획자가 갖추어야 할 기술입니다. 대형기획사에는 후원만 전문적으로 이끌어오는 별도의 팀을 운영하기도 합니다.

축제를 만들 팀원은 시기를 나누어서 구성해보는 것이 좋다고 느껴집니다. 다양한 분야에서 경험을 골고루 갖춘 분이 모이는 것이 당연히 좋지요. 축제 수개월 전 기획단계에는 주로 각 분야의 아이디어와 경험이 많은 분들로 움직이는 것이 바람직합니다.

이분들로부터 축제의 방향을 비롯한 많은 아이디어를 도출해 냅니다. 아이디어는 워크숍 등을 통해 브레인스토밍 방식으로 모아집니다. 아무리 하찮은 의견이라도 철저히 기록으로 남겨 놓아야 합니다. 회의를 하는 순간이 바로 축제가 시작된 것이고 이렇게 모은 기록이 곧 축제의 역사가 됩니다. 사진은 물론이고 주요 발언은 녹음해 두어야 합니다.

기록의 중요성을 강조해온 우리 선조들에게 부끄럽게도 지금의 우리에게는 기록이 별로 없습니다. 국내 유수축제를 보아도 자료의 부실함에 놀랄 때가 많습니다. 이것은 축제를 외부에 대행하거나 축제 담당자가 바뀌어서 축제의 연속성이 없기 때문입니다. 외부 대행사는 정산을 포함한 결과 보고서만 제출하면 됩니다. 축제 준비 중 발생하는 수많은 메모와 자료들은 더 이상 인계되지 않습니다. 기록으로 남길 수 없는 경험과 노하우 같은 것은 처음부터 기대하기에 무리겠죠. 축제를 담당한 공무원은 어차피 다음 축제까지 신경 쓸 여유가 없습니다. 언제 인사발령이 날지 모르기 때문이죠. 당연히 담당자를 탓할 수는 없습니다. 우리의 축제가 더욱 체계적으로 기록을 남기고 소중한 경험을 후임자에게 남길 수 있는 시스템이 구축되기를 기대합니다.

축제 2~3개월 전쯤에는 실무적으로 일할 팀원을 모집합니다. 음악, 미술, 문학, 영상 등 각 분야에서 활동한 열정이 있는 친구들을 골고루 뽑아 기획, 홍보, 진행, 시설 등으로 나누어 팀을 조직합니다. 이때 한 분야보다 최대한 여러 분야에서 선정하는 것이 좋습니다. 아울러 전문적인 지식을 가진 사람보다는 스펙이나 업무 능력이 뒤떨어져도 나와 잘 어울리는 사람을 뽑아야 합니다.

1914년 영국의 탐험가 섀클턴이 29명의 대원을 이끌고 남극 탐험을 떠나 1년 6개월 동안 얼음에 갇혀 있다가 무사히 돌아온 일이 있습니다. 비결이 무엇일까요?

섀클턴은 출발 전 탐험 대원을 뽑을 때 자기 분야의 전문적인 지식을 물어보지 않고 남과 잘 어울리는 사람, 유쾌한 사람, 놀 줄 아는 사람을 뽑았습니다. 오랜 기간 함께할 팀원 간의 호흡과 화합이 가장 중요하다고 믿었기 때문이었습니다. 축제 팀도 마찬가지입니다. 유머가 있고, 잘 웃고, 동료를 먼저 생각하는 사람으로 팀을 꾸미십시오. 경력은 그다지 중요하지 않습니다.

축제 이름 정하기

아이가 태어났으면 이제 이름을 정해야겠죠. 쉬우면서도 어렵습니다. 부르기 쉽고, 친근하고, 행사의 주제가 녹아 있고, 독창적인 이름을 정해야지요. 하지만 그런 이름은 없다고 생각하시는 게 속이 편합니다.

○○책축제, ○○북페스티벌, ○○책한마당, ○○독서문화축제 등 대부분의 이름이 이렇습니다. 사전에 나와 있는 순우리말로 된 이름을 제안한 경우도 많았는데 생소한 이름이라는 이유로, 무슨 축제인지 모른다는 이유로 결국 제일 흔한 이름으로 정해진 경우가 많았습니다. 결국 이름 짓는 것은 얼마나 더 예쁜 이름이냐보다는 정해지는 과정에서 얼마나 많은 사람이 참여하여 공감하느냐 하는 문제입니다. 때문에 축제 이름을 공모하거나 두 개 정도의 이름을 놓고 투표로 선정하는 방법을 쓰기도 합니다. 주민들에게 사전에 홍보한다는 장점이 있기는 하지만 축제까지 날짜가 많이 남은 시점에서 진행해야 하기 때문에 그 효과는 의문시되며 당선작이 없을 수도 있습니다.

또 정해진 축제명 앞에 '제1회' 또는 '○○○기념' 등과 같은 부제를 붙이는 경우도 있는데 열 번이나 50회, 100회 정도면 모를까 1회를 붙이는 것은 역사가 짧다는 것과 급조했다는 인상이 남습니다. '○○○기념' 같은 이름도 주와 객이 뒤바뀐 느낌을 줍니다. 간단히 2013, 2014 같은 연도를 쓰는 것이 무난합니다.

행사의 성격을 부각하기 위해 주제나 슬로건을 쓰는 경우가 많습니다. 아름답고 예쁜 문구가 담겨 있으면 좋습니다. 그런데 주제를 타 축제와의 차별성을 강조하기 위해 억지로 만들다 보니 이상해지기도 합니다. 지역의 특색이나 인물을 부각한 것도 아닌, 그 지역과 전혀 걸맞지 않은 엉뚱한 주제가 생겨나기도 하지요. 이렇듯 매우 어려운 일이지만 주제를 정한 이상 모든 프로그램이 주제와 연관이 되어 있고 그 정신이 녹아 있어야 합니다.

전문가들도 전시, 공연, 체험프로그램에 주제의 의미를 곁들이기가 쉽지 않습니다. 장기적으로 축제의 방향을 정하고 기획 시 충분한 토의를 거쳐 정하세요. 주제가 없으면 어떻습니까. 이미 축제 이름에 녹아 있는데요. 관람객들은 주제엔 큰 관심 없습니다. 슬로건은 축제에 오는 주 관람객을 대상으로 가장 친근하게 만드세요.

대상이 유치원생이라면 '뽀로로보다 재미있는 내 친구, 책'과 같

파주북소리
기획자는 가끔 외로울 때도 있습니다. 그 외로움까지 당신의 것으로 즐길 줄 알아야 합니다.

책 축제를 하는 이유는 100권의 책을 읽는 사람에게 101권을 읽게 하려 함이 아닙니다. 한 권도 읽지 않는 사람에게 단 한 권을 읽게 하기 위함입니다.

은 반응이 가장 확실할 문구를 쓰세요. 적당한 것이 없으면 만들지 않아도 됩니다. 괜히 이것 때문에 머리 아플 필요 없습니다. 그저 생각나는 대로 만드세요.

축제 일정 짜기

축제일을 D-day로 하고 역으로 하나씩 준비 일정을 짜 봅니다. 일정을 짜려면 무엇을 해야 할지를 먼저 알아야겠지요.

크게 항목을 나눠 보면 이렇습니다.

프로그램 부분	전시, 공연, 체험, 현장 배치도
홍보 부분	포스터, 리플릿, 현수막, 홈페이지, 보도자료, 촬영, 기록
시설 부분	부스와 집기, 무대, 음향, 전기, 현장안내
기타	주차, 교통, 인원 배치, 식사, 안전, 예산, 행정, 평가, 외부 인사 대응

크게 이런 항목으로 나눠놓고 계획서와 일정을 짜게 됩니다. 그런데 축제 수개월 전에 예산집행을 확정해야 하기 때문에 예산을 배정한 주최 측에서 계획서를 요구하는 경우가 있습니다. 이때 일반적인 계획을 세우고(예컨대 프로그램명과 같은) 변경 가능하다는 점을 명기하세요. 초안으로 세운 계획에서 당연히 변경해야 하고 그렇게 됩니다. 가끔 공무원 중에 계획서에 있는 프로그램이 왜 바뀌었느냐는 얘기를 하는 경우가 있습니다. 축제는 과정이라는 것을 알지 못

하고 업무로 생각하니 변경을 용납하기 어려워서 그렇습니다.

제일 먼저 할 일은 포스터의 확정입니다. 물론 디자인을 누가 할지 정해야겠죠. 외부에 맡길지, 축제 팀원 중에서 할지를 정해야 합니다. 실력만 조금 갖추었으면 내부 팀원이 함께하는 것이 제일 좋지요. 디자인해야 할 것이 많기 때문에 축제의 취지나 분위기를 가장 잘 이해하는 사람, 디자인 결과물이 빨리 나오는 감각을 갖춘 사람 한 명만 있으면 수많은 사람이 행복해집니다. 메인이 되는 포스터만 확정되면 그다음은 여기에 담긴 이미지나 색상 등을 이용하는 부대 디자인이므로 조금 쉬워지죠.

보통 디자이너가 복수의 시안을 짜면 축제 팀에서 의견을 내고 고른 후 주최 측과도 상의합니다. 이 과정에서 한 번 또는 두세 번에 선정되는 경우는 거의 없습니다. 포스터를 어떤 것으로 하느냐 하는 문제가 시간이 가장 오래 걸리고 논쟁이 많은 과정입니다. 이 단계에서 준비팀은 벌써 지치고 앞으로 부딪칠 일에 대해 겁을 집어먹지요. 포스터만 확정되면 축제 준비의 반은 끝났다고 해도 지나친 말이 아닙니다. 사람마다 전부 보는 눈이 다르기 때문에 지나친 토론은 시간 낭비입니다.

콘셉트만 공유하고, 과감하게 디자이너에 맡기는 것이 필요합니다. 포스터는 축제의 얼굴이죠. 디자이너가 자신의 이름을 걸고 최선의 작품을 만들 여건만 만들어주면 됩니다. 그리고 서로 믿는 것입니다. 세계 최고의 디자이너 작품이라고 해도 불만은 또 나타납니다.

무엇을 하면서 놀지? - 프로그램 부분

어떤 프로그램을 준비해야 할까요? 어렵습니다. 어디에서부터 시작해야 할지 종잡을 수가 없지요. 일단 부문별로 나누어보세요.

전시, 공연, 체험, 기타 부문으로 나누어놓고 시작합니다. 이번 축제의 주제가 있었던가요? 주제를 정했으면 그 의미를 각 부분에 조금씩 녹여내야겠지요. 전문가에게도 쉬운 일은 아닙니다. 그래서 어설픈 주제를 정하느니 차라리 정하지 않는 것이 좋다는 것입니다. 멋지게 잡은 주제가 오히려 확장성을 놓쳐 발목을 잡는 경우도 있습니다.

전시부터 생각해보지요. 전시를 하려면 제일 중요한 것, 바로 전시장입니다. 전문 전시장이 있으면 좋겠지만 기껏해야 도서관의 조그만 전시장입니다. 내용이 아주 좋은 경우 이 전시장을 쓰는 것이 당연히 좋겠지만 다른 분야의 좋은 프로그램이 있으면 장소가 아깝게 됩니다. 그리고 전시는 전문 기획사가 진행해야 제대로 된 감동을 느낄 수 있습니다.

미술관, 박물관 등을 다녀보면 내용도 중요하지만 같은 내용이어도 어떤 전시 기획자가 하느냐에 따라 전시 방향은 물론 관람객이 느끼는 감동이 확연히 차이 납니다.

여기에는 전시 기획자의 내공이 묻어나야 합니다. 이렇게 되면 예산이 많이 들어가게 되겠지요. 물론 예산만 허락된다면 이런 기회에 수준 높은 전시 작품을 보는 것도 좋습니다. 그러나 현실은 그렇지 않죠. 기껏해야 동화 원화전, 사진전을 할 수 있는 정도입니다. 전시를 꼭 해야겠다고 의견이 모이면 수개월 전부터 자료를 꾸준히 모으면 됩니다. 유명작가의 작품전이라야 꼭 멋진 것은 아닙니다. 아이들을 대상으로 한 전시회에서 가장 짜증이 나는 것은 '만지지 말고 눈으로만 보세요'입니다. 작품의 파손 때문임은 이해합니다. 또 미술작품을 관람하는 태도를 가르치기 위한 교육의 목적이 있다는 것도 인정합니다. 그러나 이것은 축제입니다. 재질이 무엇인지 어른도 만지고 싶은데 아이들이야 오죽하겠습니까. 시각장애인은 오지 말라는 것밖에 안 됩니다.

특히 어린이 축제는 만지고 뛰고 온몸으로 느끼며 부딪치게 해야 합니다. 작품이 망가질 우려가 있고 깐깐한 작가의 작품을 전시하느니 포기하는 게 낫습니다. 축제 후 작품은 100% 파손된다고 생각하십시오. 무리하게 추진했다가 작가와 서로 얼굴 붉히는 일만 생깁니다.

아이들과 어른들이 어떤 작품을 가장 좋아할까 생각해보세요. 자기 작품이, 우리 가족의 작품이 멋지게 전시될 때입니다. 어깨가 으쓱하게 되지요. 작품 옆에 꽃다발이 저절로 쌓이고 격려의 메시지가 남겨집니다. 모두가 소중한 자료입니다. 일 년 동안 도서관에서 해온 사진을 모아보십시오. 이것도 전시입니다. 거기에 사랑이, 우리의 숨결이 느껴집니다.

특이한 전시를 쉽게 하는 방법이 있습니다. 도서관 활동사진을 전

인천 연수북페스티벌
축제의 홍보를 위해서는 사전에 대회를 여는 것이 제일 좋습니다. 그 작품들을 전시하면 대회 참가자는 자연히 방문하게 되지요.

인천 연수북페스티벌
청소년 대상 축제는 학교와 긴밀한 관계가 중요합니다. 학생들이 프로그램을 직접 만들고 진행할 수 있는 자리를 만드세요. 축제 후 칭찬은 필수입니다.

시할 때 평범한 액자에 넣어 벽에 부착하는 정도로는 재미가 없지요. 자, 시장에 가 보세요. 바구니, 옷걸이, 비닐깔개 등 활용할 수 있는 소재가 넘쳐납니다. 옷걸이 수백 개를 연결하여 사람의 모습을 만들고 여기에 사진을 붙여보세요. 그 순간부터 당신은 작가가 되었습니다. 재활용품 수거일만 열심히 쫓아다녀도 좋은 재료와 아이디어를 얻으실 거예요.

결론을 내겠습니다. 전시는 축적되어온 것을 보여주는 것입니다. 무엇이 되었든지요. 시간과 끈기의 싸움입니다. 그 과정을 즐기세요. 그것이 축제입니다.

다음은 공연 부문입니다. 공연은 무대와 음향을 연관 지어서 구성합니다. 아무리 좋은 공연도 음향이 나쁘거나 무대 장치가 나쁘면 망치겠지요. 실내 공연장이 있으면 신경 쓸 것이 없습니다. 공연을 자주 했던 장소는 음향은 물론 조명과 부대시설이 완벽해 관리자와 공연자가 알아서 무대 장치를 조정합니다. 야외 공연인 경우에도 전문 업체들이 와서 무대를 꾸미기 때문에 얼마나 좋은 업체와 관계를 맺느냐가 중요하죠. 무대, 음향, 조명, 효과 장비까지 인터넷에 가격이 나타나 있어 하나의 업체에 모든 것을 맡기면 됩니다.

주의할 점은 전기 시설입니다. 보통 무대에서 가장 가까운 건물에서 전기를 끌어와서 씁니다. 그런데 이때 용량 때문에 무대 시설이 작동하지 않을 때가 있으니 반드시 시설업체와 건물 관리자간 사전 확인이 필요합니다. 오래된 건물인 경우 전기 용량이 부족해 공연

중 갑자기 전기가 끊겨 낭패를 본 적도 있습니다. 이렇게 되면 무대뿐만 아니라 다른 부스와 시설에도 영향을 끼쳐 행사 전체가 엉망이 되어버릴 수도 있으니 반드시 확인해야 합니다.

전기 용량이 부족할 때는 발전차를 빌려옵니다. 그러다 보니 예상치 못한 비용이 발생할 뿐 아니라 무대와 가깝게 배치해야 하기 때문에 장소가 협소하거나 보기에 좋지 않습니다. 발전차를 가림막이나 안내판을 세워 가리는 것이 좋지요.

공연 프로그램은 음악 위주로 갈 수밖에 없습니다. 야외에서는 강연이 힘듭니다. 유명 작가를 초청해서 대담을 이어가는 것은 위험 부담이 많이 따릅니다. A급 유명작가인 경우를 제외하고는 한 자리에서 1시간가량 자리를 지킨다는 것은 힘듭니다. 어린이들은 더욱 그렇지요. 행사장이 산만하기 쉽고 추위와 더위, 햇빛 또 작가의 이야기가 조금이라도 재미가 없으면 관람객들이 자리를 떠나기 쉽습니다. 담당자로서는 식은땀이 흐르는 순간이죠. 강연자도 난감하기는 마찬가지입니다. 부담 없이 즐길 수 있는 노래 공연으로 갈 수밖에 없습니다.

이 밖에도 인형극, 뮤지컬, 북콘서트, 국악 등 수많은 공연이 있겠지요. 평소에 눈여겨보았던 공연 단체를 선택하면 됩니다. 기획자로서 유일하게(?) 선택권을 행사하는 기쁨을 누리는 순간입니다. 하지만 너무 유명한 단체만 섭외하지 않았으면 합니다. 공연 수준이 약간 떨어지더라도 가까운 곳에 있는 단체, 열정이 가득하지만 무대에 설 기회가 없는 단체, 이런 곳을 섭외하세요. 이 축제와 같이 성장할 수 있는 팀들과 함께하세요. 공연 시간의 배치도 중요합니다. 평일 오전은 유치원, 어린이집 원아들이 단체로 오는 경우가 많아 이들을 위한 프로그램을 배치하고 개막식, 독서 골든벨 등은 오후 2~3시경 한창 활동적일 때 그리고 북콘서트와 같은 감정을 겨냥한 음악 프로그램은 해 질 무렵, 마음이 차분할 때 배치하는 것이 효과적입니다. 공연 사이에는 다음 공연팀이 준비할 시간을 충분히 주고 의상을 갈아입거나 대기할 장소를 마련해주는 것도 잊지 말아야 합니다.

공연 프로그램이 확정되었으면 각 공연별로 필요한 음향기기를 취합하여 무대 진행팀에게 전달합니다. 공연 순서 전체를 체크하고 준비할 담당자가 무대에 상주해야 합니다.

이번에는 체험 부문입니다. 이제 어떤 축제고 체험이 없는 축제는 축제로 보기가 힘들게 되었습니다. 국악 공연 축제도 참가자가 국악기 연주를 배우는 체험이 있을 정도니까요. 그런데 축제장은 물론이고 대부분의 행사장에서 체험프로그램을 진행하다 보니 그 밥에 그 나물 식으로 재미가 떨어지게 되었습니다. 수년 전 축제를 할 때만 해도 점토로 동화 속 주인공을 만드는 체험을 기획하여 좋은 반응을 얻은 적이 있었습니다. 그때만 해도 글쓰기나 그림 그리기 정도가 일반적이어서 무엇을 만든다는 내용이 꽤 신선했었습니다. 그 후로 이 프로그램은 어느 장소에서나 흔하게 보이더군요.

체험은 유행을 많이 타고 다른 곳에서 했던 것을 그대로 쓰면 참가자들이 진부하다고 느끼게 됩니다. 같은 재료를 사용하고 비슷한 방식이더라도 내용을 바꾸어 만들어야 합니다. 예를 들어 풍선으로 왕관을 만드는 프로그램을 빌려왔다면 풍선으로 이번 주제에 맞는 다른 캐릭터를 만들거나 풍선 불어 멀리 보내기 게임을 넣는 등 내용을 조금 바꿔야 다르게 보이겠지요.

여기에서 문제가 되는 것은 체험비입니다. 주최 측에서 체험 진행비를 전액 지원해주고 참가자는 모두 무료로 즐기는 것이 가장 좋겠지요. 그러나 부족한 예산을 따져보면 어려운 일입니다. 그래서 참가단체가 자율적으로 참가자에게 체험비를 받아 진행하라고 합니다. 도서관에서 진행하는 행사 중 체험비를 받을 수 없게 되어 있는 곳은 문제가 되기도 합니다. 체험비를 받는 것이 나쁜 것은 아닙니다. 근래에는 소정의 재료비 정도는 내고 제대로 된 체험을 즐기려는 학부모들이 많습니다. 자녀가 적다 보니 부실한 무료 체험보다 제대로 된 유료 체험을 원하는 분들이 늘어갑니다.

단체에게 지원비를 주는 경우 단점이 있습니다. 정해진 인원을 채우면 그다음은 할 것이 없다는 점입니다. 늦게 온 참가자나 참가비를 내고라도 체험을 더 하고 싶은 아이들을 돌려보낼 수밖에 없게 됩니다. 도서관에서 주관한 축제 중 관람객들이 가장 많이 몰리는 3~4시 경인데 참가단체가 철수하는 광경을 본 적이 있습니다. 이유를 물으니 오전에 참가자가 예상외로 많이 몰려 재료가 모두 소진

되어 진행할 수가 없다는 것입니다. 축제의 흥이 한창 오를 때 부스를 닫는 어이없는 모습입니다. 이렇듯 체험비를 받는 것이 나쁜 것만은 아닙니다. 프로그램의 수준이 보장될 뿐 아니라 전문단체는 한 명이라도 더 참가시키기 위해, 또 단체의 홍보를 위해 열심히 하게 됩니다.

평소에 다른 축제장에 가서 특이한 프로그램은 눈여겨보아 두는 것은 필수겠지요. 리플릿이나 명함을 얻어 장, 단점을 간단히 메모해 놓으세요. 그리고 축제에 초청하면서 프로그램의 변화를 요구하세요. 우리 축제의 주제는 이것이니 무엇 만들기를 해 달라 또는 진행하면서 무슨 이야기를 해 달라 식으로 요청하면 대부분 수용합니다. 기획자가 제시한 방향의 진행이 체험단체에게도 더욱 좋아지는 경우가 많습니다.

파주출판도시 어린이책잔치를 기획할 때였습니다. 조그맣게 미술학원을 운영하시는 분이 체험 진행을 한번 해보고 싶다고 찾아오셨습니다. 전혀 경험이 없고 참가 계획서도 제대로 작성하지 못할 정도였습니다. 플라스틱 액세서리와 곤충표본 만들기 프로그램인데 검토 결과 별로 재미있을 것 같지 않더군요. 보통 체험행사에는 3mX3m 짜리 부스를 2개 배정합니다.

첫 참여이니 1부스에서 부담 없이 하라고 자리를 마련해주었습니다. 참가자가 많이 오지 않더라도 실망하지 마시라고 당부도 했습니다. 축제가 시작되고 이 부스에 난리가 났습니다. 체험자가 길게 줄을 서고 여기에 군중심리까지 더해져 그야말로 인산인해를 이루었습니다.

급한 대로 임시 텐트를 추가로 설치하고 안내 요원을 집중 배치했죠. 원인은 플라스틱 만들기였습니다. 손바닥만 한 플라스틱에 그림을 그린 후 여기에 열을 가하면 손마디만 하게 축소되어 딱딱해집니다. 그 과정을 사람들이 매우 신기해했죠. 근래에는 이 프로그램이 꽤 알려졌더군요. 그리고 그림을 그리는 것도 샘플을 만들어놓고 자기가 좋아하는 캐릭터에 색을 칠하는 정도입니다. 지극히 단순합니다. 여기에 비결이 있습니다. 쉬우니 어린아이들도 할 수 있습니다. 그림을 못 그리는 친구도 색칠은 할 수 있으니 누구나 할 수 있습니다.

여기에 진행자의 열정이 더해졌습니다. 누구에게나 친절하게, 늦은 시간 마지막 참가자에게까지 진행했습니다. 이것 때문에 부스 정리가 되지 않아 스태프들의 퇴근이 미루어질 지경이었습니다. 하고 싶은 체험을 할 수 있도록 늦게까지 기다려 줘서 고맙다는 인사를 하는 어린이를 보고 모두가 보람을 느꼈던 순간이었습니다. 그 친구의 일기에는 그 날의 좋았던 기억이 쓰일 것이고 어쩌면 인생의 가장 중요한 순간이 될지도 모릅니다. 체험프로그램 하나가 축제 전체를, 참가자를, 한 아이의 인생을, 바꾸어놓을 수 있습니다.

특색 있는 뭔가를 하나 해 볼까요?

축제 기획서를 만들어 제출할 때 주최 측에서 가장 좋아하는 단어가 '차별화'입니다. 다른 축제와는 다른 뭔가가 있어야 축제 개최의 명분이 선다는 것이죠. 보통 축제 지역에 농특산물이 있거나, 역사적 배경이나 특별한 인물이 있다면 아주 쉽겠지요.

그러나 책 축제에서 차별화란 여간 힘든 게 아닙니다. 그 지역에 유명 작가의 생가나 문학관이 있거나, 한 분야의 자료를 수십 년간 연구한 분이 있으면 모를까, 도서관 몇 개 만들어놓고 다른 곳과 차별화된 축제를 요구합니다. 지역 주민들의 소중한 예산을 사용하기 때문에 이는 당연한 요구일지 모릅니다. 그러나 이것이 도리어 화가 됩니다. 내세울 게 아무것도 없는 지역에서 뭔가를 억지로 짜냅니다. 그러다 보니 전문적이지도 않고 당위성도 없습니다. 마치 어른 옷을 입은 아이처럼 부자연스러운 축제가 되지요. 궁궐에서 열린 축제가 시대의 화두인 일자리 창출과 연관되어야 하는 이상한 모습이 나타나기도 합니다. 차별화라는 것을 거창하게 생각하기 때문에 어려운 것입니다.

콘셉트로 차별화하려 하지 말고 프로그램으로 차별화하는 방법을 생각해보십시오. 예를 들어 '도전! 우리 마을 동시(同時)에 책 읽기'입니다. 최대한 많은 사람이 책을 함께 소리 내어 읽는 것입니다. 올해 축제는 참가자 100명, 내년엔 200명, 후년엔 300명 식으로 계속 늘려나가는 것이죠. 참가자에겐 인증서를 줍니다. 2년, 3년 연속 참가자에게는 큰 상을 줍니다. 이렇게 해야 축제의 연속성이 있고 다음을 기대합니다.

'책벌레의 장기자랑 대회'를 열어보세요. TV오디션프로 덕인지 노래, 춤, 연주 등 우리 주위엔 장기를 가진 분이 무척 많습니다. 우리나라에서 가장 오래되고 남녀노소 꾸준한 인기를 끌고 있는 프로가 무엇인 줄 아십니까? 전국노래자랑입니다. 유명 가수가 아니더라도 우리 이웃들의 진솔한 모습이 가장 멋지기 때문입니다. 편한 프로그램이 가장 좋은 프로그램입니다. 가족이 함께 나와 읽은 책을 소개하고 시를 낭송하고 노래하는 모습을 상상해보세요. 세상에 이보다 더 멋진 광경이 어디에 있겠습니까. 이런 방식으로 차별화하면 됩니다.

축제에 놀러 오세요 - 홍보 부분

홍보의 시대입니다. 아무리 좋은 내용으로 구성했다 해도 제대로 알리지 못하면 안 되겠죠. 멋진 홍보문구에 기대하고 갔다가 별 내용도 없는 행사에 실망하고 돌아온 적도 많습니다. 그런데 저는 속았다는 생각보다는 기가 막히게 홍보를 잘했구나 하는 생각을 많이 합니다.

홍보의 목적을 착각하는 분이 많습니다. 홍보란 '우리 행사 개최 소식을 사전에 많이 알려 많은 사람들이 찾아오게 하는 것'이라고 정의합니다. 이것은 일차원적인 단순한 생각입니다. 축제 행사를 마치고 정산과 결과 보고서를 작성하면 대부분의 업무는 끝나지만 홍보는 이제부터입니다. 행사 중의 각종 프로그램 내용을 사진과 참가자들의 반응을 모아 알려야 합니다. 사후 보도자료나 블로그 등을 활용해 외부에 적극적으로 알리세요. 그래야 다음 행사도 쉬워지고 축제의 값어치가 올라갑니다.

이제 홍보물을 하나씩 만들어보겠습니다.

우선 누가 디자인할 것인가 하는 문제가 제일 중요합니다. 역량 있고 신뢰할 수 있고 비용도 저렴하면서 수준 높은 디자인 회사…… 음, 그런 곳은 없습니다. 많은 분이 디자인비 지출을 아까워합니다. 전체 예산을 배정할 때 저 역시 이 부분에서는 헛돈이 나가는 것이 아닌가 하는 생각이 들 때가 있을 지경이니까요. 고품질 출력물에 대해서는 지불을 아까워하지 않으면서도 디자인비나 기획비 같은 눈에 보이지 않는 부분에 대한 집행은 민감해집니다. 무형의 자산에 대한 평가가 어렵지요. 산출에 대한 명확한 기준이 없기 때문이기도 합니다. 똑같은 내용인데도 유명인이 디자인했다고 하면 고가임에도 별다른 이유를 달기가 어려워집니다. 문제는 비용을 많이 내고도 마음에 들지 않는 경우이지요.

중간에 새로운 디자인 회사에 맡기더라도 그동안 진행해 온 디자인비는 내야 하고 새로 호흡을 맞추려니 축제일은 다가오고, 여간 어려운 것이 아닙니다. 프리랜서 디자이너 중에도 실력을 갖춘 분들이 꽤 많습니다. 이분들에 대한 정보는 인터넷에 있습니다. 디자이너에 대해 검색하면 이분들이 모인 공간이 있으니 여기에서 추천을 받거나 정보를 얻으면 됩니다. 또 리플릿이나 현수막 제작업체에서 자체 디자이너를 보유한 경우도 있는데 이중에도 숨은 인재들이 있습니다.

앞에서 말씀드린 바와 같이 포스터를 만드는 과정이 지나면 다음은 현수막입니다. 주민들에게 축제의 인지도 매체를 조사했더니 거리 현수막이 제일 높게 나왔습니다. 특히나 지역 주민들의 참가가 대부분인 책 축제의 경우는 가장 효과적인 홍보 수단입니다. 그러나 자치단체에서 지정한 장소 외에 부착하는 모든 현수막은 불법입니다. 구에서 주최하는 행사인데도 같은 구의 거리 정비팀이 떼어가는 경우도 있습니다. 관련 기관과의 유기적인 관계로 탄력적인 운영이 필요합니다. 어떤 현수막은 행사를 미리 알리겠다고 20여 일 전부터 부착했다가 정작 행사일이 다가와서는 훼손되어 미관을 해치는 경우가 있습니다. 포스터는 미리 부착하고 현수막은 행사 일주일에서 10일 전쯤 부착하는 것이 바람직합니다.

쓰고 남은 현수막의 처리, 골치 아픕니다. 이것으로 재활용 가방을 만드는 사회적 기업도 있지만 훼손이 심해 재사용하기가 만만치 않습니다.

가장 멋진 현수막은 어떤 것일까요? 전문가의 손에 예쁘게 디자인이 된 것이 아닙니다. 참가자가 직접 만든 것입니다. 내가 그린 그림이, 내 글씨가 적힌 현수막을 보러 일부러라도 행사장에 가게 됩니다. 주민들이 함께 만드는 사전 프로그램으로 진행할 수도 있지

광진 서울동화축제
축제장에서는 일탈이 필요합니다. 최대한 형식을 파괴해야 합니다.

요. 미술을 공부하는 대학생들의 협조를 받아 함께 작업에 참여한다면 이보다 더 멋진 일이 어디 있겠습니까? 이게 공공미술이고 이런 것이 축제입니다.

리플릿은 용도를 어떻게 쓸 것이냐에 따라 내용이 달라집니다. 행사장이 넓은 축제는 장소에 대한 안내가 중요하지요. 프로그램이 많은 경우는 시간대별 안내를 포인트로 잡아야 합니다. 작은 축제는 초청장의 의미로 쓰는 것이 좋습니다. 이 경우 프로그램이 확정되지 않았더라도 포스터와 함께 비치하여 이 리플릿을 갖고 찾아오게 만드는 내용이 들어가면 성공합니다. 예컨대 응모권을 새겨 넣는 다든가, 리플릿의 숨은 그림이나 글자 찾기 퀴즈를 내면 관심이 커지게 됩니다. 보통 리플릿은 한 번 보고 버리게 됩니다. 당연히 그렇겠지요.

저는 리플릿 모으는 것이 취미입니다. 꼭 축제가 아니더라도 지역 안내도 좋고 맛나게 먹은 음식점에 대한 소개도 좋습니다. 또 특이하게 만들거나 디자인이 예쁜 것도 모읍니다. 종류를 가리지 않습니다. 집에 오면 커다란 박스에 간단한 메모를 적은 후 넣어놓습니다. 보통 아이디어는 여기에서 나옵니다. 심심하면 그 리플릿을 훑어봅니다. 수량이 많아지면 도움이 되지 않겠다 싶은 것은 그제야 정리하죠.

자, 축제 참가자가 리플릿을 버리지 말아야겠다고 느끼게 만들어봅시다. 어떻게 하면 될까요? 겉으로는 디자인이 아주 예쁘거나 다른 용도로도 쓸 수 있게 만들면 그렇겠지요. 내용적으로는 이 리플릿을 다음 행사 때 가져오면 선물을 주는 이벤트를 한다거나 중요한 정보가 담겨 있으면 보관할 것입니다.

　이제 정답은 나왔습니다. 책상 위에 놓고(학생 수준에 맞게 예뻐야겠지요) 일 년 동안 읽은 책 제목을 달력 위에 표시하게 하고 축제 때 그것을 가져오게 하면 됩니다. 제대로 약속을 지킨 친구는 달력을 보면 압니다. 어쭙잖은 일회성 홍보지 말고 이런 것을 만들어봅시다.

　이제 온라인 홍보에 대해 말씀드리겠습니다. 수백 장의 포스터, 수천 장의 홍보지보다 온라인의 글 하나가 위력을 발휘하는 시대입니다. 큰 축제가 아닌 경우 그리고 유명인의 트위터 글이 아닌 이상 사전에 온라인을 통한 홍보효과가 생각보다는 크지 않습니다. 왜냐하면 우리가 할 축제는 규모가 작아서 지역민 말고는 관심이 없기 때문이죠. 대도시의 구나 지방의 시 행사도 그곳에서나 큰 행사이지 다른 분들 입장에서 무슨 관심이 있겠습니까. 축제를 맡다 보면 주최 측에서 TV 메인뉴스에 나오게 해달라는 어처구니없는 요구를 해올 때가 있습니다. 그럴 때면 얘기합니다. "나올 수 있는 방법이 딱 한 가지가 있죠. 대형 사고가 나면 됩니다. 그렇게 할까요?" 주최 측과 갈등이 시작되는 순간입니다.

　홈페이지를 만들려면 외부에 맡겨야 하고 비용과 시간이 드니 포털 사이트 카페면 충분합니다. 여기에 블로그를 개설하여 프로그램

사안마다 자세한 홍보 글을 띄워놓으면 됩니다. A라는 작가가 나온 다면 그분의 저서에 대한 소개와 느낌을 2~3일에 한 편씩 올리세요. 행사일이 다가오면 바쁘니 미리 글을 적어놓고 순차적으로 올립니다. 행사 블로그는 매일 글이 올라와야 합니다. 올릴 내용이 없으면 축제팀원들 이야기, 날씨나 식사한 메뉴 등 무엇이든 좋습니다. 하루에 10편의 글을 올리는 게 아니라 5편을 나누어 올려서 계속 업그레이드되고 있다는 느낌을 주는 것이 필요합니다.

홈페이지, 카페, 블로그 외에 또 준비해야 하는 것이 트위터와 페이스북입니다. 몇 년 전만 해도 홈페이지 하나면 되었는데 뭐가 이리도 복잡해졌는지 모르겠습니다. 홍보 매체가 다양해졌으니 모두 이용할 수밖에요. 온라인 홍보는 젊은 자원봉사자에게 부탁하세요. 이 친구들이 감각이 있고 그들만의 언어로 효과적인 홍보를 할 것입니다. 때로는 온라인을 통해 사전 이벤트를 하기도 하는데 쉬운 것으로 '삼행시 짓기'나 '퀴즈 알아맞히기' 등을 해도 좋습니다. 단, 선물은 축제장에서 증정하는 것을 잊지 마세요.

이번에는 언론사에 보도자료를 보내볼까요? 제일 먼저 할 일은 보도자료를 작성하는 일입니다. 우리가 학생일 때 공부를 열심히 했는지 안 했는지가 나타납니다. 어려워하지 마시고요. 일단 육하원칙에 맞게 그 내용이 들어가야 함은 기본이겠죠. 다음은 기사 작성법에 관한 책과 다른 행사의 보도자료 낸 것을 참고하시면 됩니다. 모든 내용을 나열하는 것보다는 가장 메인이 되는 프로그램을 선정하여 이를 집중적으로 부각하는 것이 좋습니다. 아울러 사진을 반드시 보내는 것이 좋습니다. 사진이 없으면 비슷한 분위기의 다른 사진을 구하거나 연출해서라도 사진을 만들어야 합니다. 사진의 유무가 일반인이 기사에 집중하는 데에 현격한 차이를 보입니다.

어디에 보내지?

관청과 일을 함께할 때 가장 좋은 점이 홍보를 크게 신경 쓰지 않아도 된다는 점입니다. 홍보팀이 있기 때문에 보도자료 배포나 관내 소식지, 지역신문에 내는 것은 걱정하지 않아도 됩니다. 조그만 단체 이름으로 보도자료를 보내 언론에 노출되기란 조금 어렵지요. 배포는 두 가지 방법이 있는데 먼저 신문사, 방송사에 직접 메일이나 팩스로 보내는 경우입니다. 두 번째 방법은 보도자료 배포사를 통하는 경우입니다. 여기에서 각 언론사에 보도자료를 보내주고 당연히 노출의 확률이 높아집니다. 유료 회원제의 형태로 운영되며 연간 또는 배포 횟수로 금액이 달라집니다.

언제 보내지?

신문의 경우 발행일을 계산하여 원고 마감 전에 보내야겠죠. 월간지인 경우가 특히 중요합니다. 축제를 10일에 하고 그달 1일에 나오는 월간지에 행사 소개가 나오길 원한다면 원고마감을 맞추어 여유

인천 연수북페스티벌
프로그램 이름대로 내용을 구성하세요. '작가와 놀자'면 신 나게 노는 것으로. 무엇을 하고 놀 것인가는 주인공인 아이들에게 물어 보세요. 거기에 답이 있습니다.

강서구 아파트 책축제
자칫 지루할 뻔한 벼룩시장을 매 시간마다 미션을 부여해서 긴장과 재미를 주었습니다. 이쯤되면 참가하지 않고는 못 베기겠죠.

를 잡고 전월 15일경에 보내야 합니다. 미리 자료를 줘야 기자나 편집자가 글을 게재할 확률이 높습니다. 좋은 내용임에도 늦게 보내는 바람에 지면이 차서 싣지 못하는 경우가 종종 있었습니다. 기획 기사야 다음 달에 내도 되지만 일정이 있는 경우는 어쩔 수 없지 않겠습니까? 이럴 땐 어떻게 할까요?

아직 끝나지 않은 홍보
앞에서 이야기한 것처럼 이제부터가 본격적인 홍보의 시작입니다. 보도자료는 오히려 행사 끝나고 내는 것이 더 효과적일 때가 많습니다. 좋은 사진도 많을 테니까요. 단, 타이밍이 중요합니다. 행사 당일에 사진만 나오면 바로 보내야 합니다. 그날의 소식을 그날 저녁, 늦어도 다음 날 아침에는 볼 수 있게 만들어야죠. 이러기 위해서는 미리 보도자료를 만들어놓아야 합니다. 또 현장에서 재미있는 소식이나 현장 상황을 SNS를 통해 실시간으로 전파하는 것이 중요합니다. 사진 촬영과 홍보만을 전문적으로 하는 스태프를 지정해 줘야 합니다.

시설 알아보기
야외에서 행사할 경우 천막과 의자 등이 필요하지요.
   먼저 행사 부스입니다. 용어와 규격만 알아 놓으면 편합니다. 부스는 몽골텐트와 캐노피텐트로 나뉩니다.

유목민인 몽골사람들이 사용하던 형태에서 비롯된 몽골텐트(몽골리안 마큐천막)는 천정이 삼각형에 깃발이 꽂힌 모습입니다. 규격은 보통 가로, 세로 길이가 3m인 것과 5m인 것이 있습니다. 보기에 좋고 튼튼하며 웬만한 비는 충분히 견딥니다. 하지만 수량이 많을 경우 설치에 시간이 걸리고 한번 설치하면 장소 이동이 어려운 단점이 있습니다.

캐노피텐트(접이식 자바라천막)는 학교 운동회 등에서 본 짧은 행사에 쓰는 텐트입니다. 규격은 다양한데 보통 가로 6m에 세로 3m짜리가 많이 쓰입니다. 가볍고 설치와 보관이 편해 구매해서 행사 때마다 쓰는 단체가 많은 반면 비와 바람에 약하고 행사가 가벼워 보이는 단점이 있습니다.

보통 하루를 넘기는 행사는 몽골텐트를, 하루 수 시간의 행사는 캐노피를 씁니다. 가격은 이틀 사용 기준 몽골텐트가 10~13만 원 수준으로 캐노피텐트의 두 배입니다. 이 밖에 테이블, 의자, 파라솔 세트 등 집기를 형편에 따라 임대하여 설치합니다. 인터넷에 가격이 상세히 나와 있고 대략 비슷합니다. 조금이라도 싼 곳을 알아봐도 좋으나 깨끗하지 않은 물품이 올 수도 있어 제일 가까운 곳에 소재한 업체를 찾는 게 좋겠습니다.

임대 품목에 대해 검색해보면 그 종류가 우리가 생각하는 것보다 훨씬 많은 것에 놀라게 됩니다. 축제 행사에 관련된 거의 모든 것을 임대할 수 있다고 생각하면 됩니다.

예산이 넉넉하면 구매해서 다음 축제 때 또 쓰면 좋겠지만 창고와 관리자가 있어야 합니다. 관리자가 없으면 분실되는 경우가 많습니다. 또 보조금을 받아 행사하는 경우 자산성 물품 취득이 금지되어 있으므로 처음부터 모든 것을 임대한다고 생각하는 게 편합니다.

각종 안내시설, 이벤트 의상, 대형 TV, 이동식 화장실, 악기, PC 등 모든 게 임대가 가능합니다. 심지어 큰 축제장은 은행이나 편의점 트럭이 오고 식사가 여의치 않으면 밥차를 부르면 됩니다. 결국 시설 부분은 예산을 반영한 선택의 문제에 불과합니다.

그 밖에 신경 쓸 것

아무리 가까운 곳이라도 자가용을 갖고 오시는 분이 있습니다. 이에 대한 준비가 필요합니다. 사전에 대중교통 이용 유도는 물론이고 주차장도 확보해야 합니다. 차량이 올 동선을 확보하여 길가에 미리 주차장 가는 길을 표시해 놓습니다. 그래야 복잡한 행사장에 들어와서 우왕좌왕하지 않습니다. 자원봉사자나 모범 운전자분들의 도움을 받으면 좋습니다.

행사 진행에 참가할 모든 스태프나 부스별 대표자, 자원봉사자분들이 모두 모여 행사 3일 전쯤에 최종 점검시간을 갖습니다. 이때 서로 인사도 하고 각자의 업무와 위치를 정하는데 이런 시간이 꼭 필요합니다. 부득이 현장에서 배치해야 할 경우에는 메일로 미리 역할을 알려주어 당일 혼란이 없도록 합니다.

스태프는 물론 관람객의 먹거리 부분도 매우 중요합니다. 일단 배가 불러야 축제든 무엇이든 즐길 수가 있지요. 잔치에 먹을 것이 빠질 수가 있겠습니까. 지방의 축제는 노골적으로 먹거리 부스 위주로 운영하는 곳이 많습니다. 갔다 오면 먹은 것밖에는 기억이 안 나지요. 책 축제는 보통 이렇게까지 하지는 않지만 그래도 기본은 갖춰야 합니다. 특히 어린이가 많이 오는 경우는 필수죠. 먹거리가 두드러지지 않으면서도 알차게 운영하는 기술이 필요합니다. 이런 기회에 마을의 안전한 먹거리를 생각하는 모임이나 부녀봉사회, 독서 동아리 등 어머님들과 준비해보세요. 할머니들이 참가하셔도 좋고요. 메뉴는 떡볶이, 김밥, 가래떡, 솜사탕 등 간단한 것으로 하는 것이 좋은데요, 이것으로도 하나의 프로그램을 짤 수 있습니다. 체험을 하고 도장 받아오면 솜사탕 주기, 김밥 예쁘게 말기, 주먹밥에 들어간 재료 맞추기 등 아이들이 직접 만들고 평가하는 내용으로 구성해보세요. 주의할 점은 열을 사용해야 하는 조리 부분은 없애거나 최소화하라는 것입니다. 안전하고 뒤처리가 간단한 것으로 하세요. 더 잘해주겠다고 욕심을 내면 안 되는 부분입니다. 축제장엔 이것 말고도 도와주어야 할 일이 많으니까요.

본부를 지켜라

축제가 잘 진행 중인지 알아보려면 진행 본부를 가보면 압니다. 깨끗하게 정리 정돈된 모습, 신속하고 정확한 답변, 친절한 태도를 보이는 본부 분위기라면 그 축제는 틀림없이 성공합니다. 그렇기에 행사장 전체를 총괄하는 본부가 중요합니다. 실내인 경우는 사무실 일부를 사용하면 되고 야외 행사인 경우에는 부스가 3개 이상 필요합니다. 본부에서는 행사요원 배치, 안내, 홍보물 배포 외에도 주요 손님의 접대, 미아보호, 수유방, 의무시설, 비품 보관 등 많은 일을 합니다. 때문에 생각보다 넓은 공간이 필요합니다. 아울러 항상 상주하는 스태프가 축제장의 모든 상황을 파악하고 즉시 대처할 수 있는 능력이 필요합니다. 순발력과 임기응변이 가장 필요한 곳입니다.

우천 시 가장 어려운 점이 행사 취소 여부의 결정입니다. 수년 전 파주출판도시의 가을책잔치를 진행할 때였습니다. 금요일부터 3일간 시작되는 행사여서 부스 설치는 수요일에 완료하고 목요일에 책과 비품이 들어가는 일정이었습니다. 비 올 확률이 가장 낮은 날로 축제일을 잡았는데 화요일부터 날이 굳어지더니 수요일엔 비가 내리는 것이 아니라 양동이로 물을 퍼붓는다는 표현이 알맞을 정도로 폭우가 쏟아졌습니다. 비바람을 뚫고 부스는 설치했는데 책 입고가 문제였습니다. 비는 더욱 세차게 내렸고 일기예보에서는 이 비가 토요일 밤까지 내린다고 했었죠. 각 참가사에 행사의 진행여부를 빨리 통보해주어야 준비에 헛수고를 하지 않게 됩니다. 결국 수요일 밤에 예정된 행사를 취소하기로 하고 참가사들에게 통보하였습니다. 몇 달간의 준비가 물거품이 되는 순간이라 매우 아쉬웠지만 빠른 의사 결정 덕분에 수백 명의 스태프가 고생을 면한 순간이었습니다.

일요일은 얄밉게도 날씨가 매우 화창했습니다. 행사 취소를 모르고 온 관람객들에게 미안했지만 심한 비바람으로 무너진 부스를 복구하지 않고(?) 그대로 보여주었습니다. 모두가 고개를 끄덕이며 그날 상황을 이해해주시더군요. 가식적인 꾸밈이 아니라 진정성을 보여주면 사람들은 감동합니다.

아, 드디어 축제가 끝났습니다.

시설물의 안전한 철수와 깨끗한 뒷정리, 청소까지 하면 비로소 긴장이 풀리지요. 마음 같아선 수고한 스태프, 자원봉사자, 진행자들과 함께 식사하고 싶은데 현실적으로 그러기는 어려울 겁니다. 정리도 늦을뿐더러 모두가 지쳐 빨리 집에 가고 싶은 생각만 할 거예요. 감사 인사를 하고 당일은 빨리 보내드리세요. 그리고 일주일 내에 식사 자리를 만듭니다. 이때는 행사에 참가한 모든 분을 초청하여 축제의 흥이 이어지게 해야 합니다.

예산이 넉넉하지 않으면 다과회처럼 떡, 과일 등을 놓고 해도 됩니다. 한자리에 모인다는 것이 중요하지요. 행사의 에피소드, 준비 과정에서의 어려움을 서로 이야기하고 다음 축제 때엔 이렇게 해보자는 의견이 나오게 하세요. 그리고 행사 때 찍은 사진을 영상으로 보여주며 감사 마음을 전하세요. 이때가 바로 다음 축제가 시작되는 순간입니다.

그리고 이제 비로소 하나의 축제가 끝났습니다.

좋은 축제, 나쁜 축제

- 시민 참여형에서 시민 주도형으로
- 자연스러운 의전행사
- 예측 가능한 축제

어떤 축제를 좋은 축제라고 하느냐는 어려운 문제입니다. 문화부에서는 매년 큰 축제들에 대해 평가하고 이에 따라 대표축제, 우수축제 등으로 선별하여 지원금을 교부합니다. 우리의 축제를 그 기준에 따라 평가할 수는 없지만 축제 후 시민 단체들과 이야기해본 결과 주로 위의 세 가지를 좋은 축제의 조건으로 꼽았습니다.

첫 번째로 시민이 많은 프로그램에 참여하는 축제에서 이젠 한발 더 나아가 시민이 주도하는 축제로 바뀌어나가고 있다는 점입니다. 프로그램의 기획부터 공연, 진행까지 이젠 스스로 열어나가는 동시에 평가도 스스로 내리는 시민 축제가 자리 잡아 가고 있습니다.

이러다 보니 두 번째로 꼽은 의전행사의 중요성이 상대적으로 약화됩니다. 이제 자치단체장과 지역 유력 인사가 꽃을 꽂고 지루한 인사말을 하는 광경이 점점 없어집니다. 동원된 사람들조차 그런 인사치레 말을 듣기 싫어하는데 하물며 시민들이야 전혀 관심 없습니다. 때문에 형식적인 행사가 아니라 프로그램 안에 자연스럽게 녹아 있도록 만들어야 합니다. 귀빈이 축제장에 양복을 입고 와서 행사장을 시찰하며 만나는 사람마다 악수하는 것보다는 청바지에 간편한

복장으로 청소하거나 자원봉사로 안내하는 모습에서 사람들은 크게 감동합니다.

　세 번째는 예측 가능해야 한다는 점이죠. 자치단체에서 이루어지는 대부분의 책 축제가 다음을 기약하지 못합니다. 예산 절감 1순위임은 물론이고 단체장의 재선 여부에 따라 개최 여부가 불투명합니다. 이래서는 좋은 축제가 되고 싶어도 될 수가 없습니다. 앞서 얘기한 연속성 있는 프로그램을 만들 수 없다면 결국 전시성, 일회성일 수밖에 없습니다.

STEP. 셋

삼인삼색
북 토 크

지자체를 중심으로 수많은 책 축제가 열리고 있습니다. 책 관련 활동이 많아진다는 것이 기쁜 일이긴 합니다만 너무 많이 열리다 보니 대부분이 비슷한 프로그램으로 이루어지고 자치단체장의 정치 행사로 변질되는 경우도 있어 마냥 좋아하기만은 어려운 실정입니다. 또한 행사 예산의 부족과 다음을 기약하지 못해 일회성으로 끝나는 일도 허다합니다.

우리가 앞으로 만들어야 할 독서 프로그램과 이것을 어떻게 축제로 접목해야 할지 전문가들과 함께 이야기 자리를 만들었습니다.

책 축제에 관해서는
와우북페스티벌 사무국의 김정연 국장,
이를 활용할 도서관을 대표해서는
어린이도서관 꿈꾸는 교실의 황수경 관장,
또 축제와 문화 콘텐츠 전반에 대해서는
축제학교의 윤성진 선생님을 모시고 나눈
허심탄회한 이야기를 지상 중계합니다.

박형섭
독서문화기획단체 파주책나라 대표
본 좌담회 진행자

김정연
(사)와우책문화예술센터
사무국장

황수경
어린이도서관 꿈꾸는 교실 관장
꿈교 출판사 대표
《학교 겁내지 말자》 공동 저자

윤성진
전남대학교 문화전문대학원
겸임교수, 축제학교 교장
쥬스컴퍼니 예술감독

박 바쁘신 가운데에도 자리에 참석해주신 세 분께 감사드립니다. 오늘은 독서 프로그램의 총아라 할 수 있는 책 축제의 문제점과 앞으로 나아갈 길에 대해서 각 분야를 대표하는 분들을 모시고 이야기를 나누고자 합니다. 축제에 관한 좌담회는 꽤 많았던 것으로 알지만 책 축제에 관해서는 처음이 아닌가 싶습니다. 그만큼 말씀하실 내용이 기대됩니다. 각자 소개 부탁드릴게요.

김 만나서 반갑습니다. 와우북페스티벌은 2005년에 시작하여 올해로 아홉 번째 진행되는 축제입니다. 처음에는 출판인회의와 함께 진행하다가 축제의 전문화와 인력의 안정화를 위해 3회부터는 축제조직을 사단법인으로 만들어 지금까지 운영하고 있어요. 홍대 앞에서만 느낄 수 있는 고유한 문화가 책과 함께 어우러져 다른 축제와는 차별화된 문화를 만들어냈다고 자부하고 있습니다. 작년부터는 5월 어린이날에도 어린이북페스티벌을 열어 좀 더 다양한 책 콘텐츠를 구현하고자 노력하고 있습니다.

황 저는 파주출판도시에서 조그만 어린이도서관을 운영하고 있습니다. '꿈꾸는 교실'은 2004년에 만들어져 회원 수가 900명 정도 됩니다. 출판도시를 찾아오시는 분들이 도시 안에 출판사만 있는 줄 알았는데 도서관도 있다고 놀람 반, 호기심 반으로 방문하십니다. 출판도시가 교통이 불편한데도 인근 파주지역에서 많은 분이 찾아오십니다. 저희 도서관은 자원봉사자분들의 봉사와 회원들이 내는 십시일반의 후원금으로 운영됩니다.

윤　저는 축제 기획 일을 십여 년간 했고 근래에는 축제에 대한 평가와 대학에서 축제와 문화 콘텐츠를 가르치는 일을 하고 있어요. 현장에서 경험한 일들을 학생들에게 생생하게 전달해주다 보니 인기가 많답니다. 축제에 대해서 학생들은 물론 일반인들의 관심이 매우 높아 축제학교를 만들어 기획자를 양성하는 일도 하고 있습니다.

독특한 문화 공간에서의 책 축제, 와우북페스티벌

박　먼저 우리나라 대표적인 책 축제라 할 수 있는 와우북페스티벌에 관한 이야기부터 들어보겠습니다. 홍대 앞 거리에서 길을 막고 한다는 것이 보통 어려운 일이 아닐 텐데요. '홍대' 하면 클럽, 인디밴드 이런 것들이 떠오르는데 어떻게 여기서 축제를 하게 되었나요?

김　마포구 합정동 일대에는 출판에 관련된 많은 회사가 있어요. 파주로 옮긴 회사도 많지만 작은 회사나 1인 출판사, 디자인 회사는 여기에 많지요. 책과 관련 있는 이런 분들이 모두 모여 축제를 열어보자고 기획했는데 장소는 거리밖에 없었어요. 거리에 부스를 세우고 조그만 강연이나 공연은 주위의 카페나 문화 공간을 활용하여 홍대 주위를 모두가 참여하는 책 놀이터로 만들자고 계획했죠. 주차장 공간에 부스를 세우고 교통을 통제하니 민원이 많이 발생했습니다. 지금도 민원이 와요. 인근 주민들과 상인분들에게 죄송하다

홍대 앞을 책 거리로 바꾼 와우북페스티벌, 가장 성공한 거리문화 책 축제입니다. (와우책문화예술센터 제공)

고 양해를 구하며 해왔습니다. 강연 등을 위한 문화 공간은 처음에는 사장님들이 많이 도와주셨어요. 문화에 대한 의식 있는 분들이 많아 오히려 지금보다 편했답니다.

황 파주에 있다 보니 서울에 갈 기회가 별로 없어요. 일부러 안 가기도 하고요. 그리고 아무래도 저희가 어린이도서관이다 보니 어린이 프로그램에 관심이 많답니다. 프로그램은 어떻게 구성하시나요?

김 행사 반년 전부터 기획해요. 저희는 프로그램에 대해 몇 가지 선정 기준이 있습니다. 일회성이 아닐 것, 스토리텔링이 있을 것. 체험이 책과 연관이 있어야 할 것, 부모와 함께할 것입니다. 그러다 보니 시간이 오래 걸리죠. 이게 없으면 축제를 해야 할 이유가 없다고 봐요. 와우축제는 장소의 한계성이 있습니다. 더 이상 뻗어 나갈 장소가 없어요. 그리고 프로그램들은 주위의 카페나 문화공간에서 진행하거든요. 그러다 보니 겉으로 봐서는 축제 프로그램이 나아지는 모습이 보이지 않아요. 축제 프로그램이 100개가 넘거든요. 하나 하나 세심하게 준비한 것들인데 참가자가 없거나 반응이 좋지 않으면 속상해요.

윤 그렇군요. 와우북은 이제 정체성 부분에서는 완전히 자리를 잡은 것 같습니다. 근래에 정부에서 유휴공간의 활용에 대한 사업이 많은데 와우북도 당인리 발전소라던가 숨어 있는 장소를 발굴하는 것이 축제의 성장을 위해서 좋다고 보이는데, 근래에는 어떤 점이 가장 어려우세요?

김   출판사들과의 관계예요. 저희는 출판인이 주인이 되는 축제를 만들고 싶습니다. 책을 중심에 놓고 여기에 문화 예술을 가지로 쳐나가며 다양한 분야의 아티스트들을 연계하고 싶어요. 그런데 저희를 그런 일을 하는 문화단체가 아니고 수익만 노리는 기획사로 보세요. 그래서 축제 전에 간담회도 하고 설문조사도 하고 해서 출판사들의 의견을 최대한 반영하려고 합니다. 홍대 앞의 상업화도 저희를 어렵게 해요. 작가 강연이나 조그만 공연은 문화공간들을 빌려서 사용하는데 대관료가 높아요. 그러다 보니 가뜩이나 부족한 예산에 부담이 많이 됩니다. 외부 협찬을 받기도 쉽지 않아요. 일반 공연축제는 협찬에 대한 대가로 유료인 공연 티켓을 증정하지만 우리 축제는 대부분이 무료지요. 그러다 보니 스폰서에게 줄 반대급부가 없어요. 주위에서 벌어지는 다른 행사나 기관에서 책을 협찬해 달라고 요청이 들어오는 것도 곤혹스럽습니다. 우리가 출판사가 아니라서 책이 없거든요. 저희도 기증 부탁하며 다니는 처지예요.

황   저희 도서관에는 외부에서 견학하러 손님이 많이 오세요. 그런데 출판사들에게 책을 거저 받는다고 생각하세요. 출판도시 안에 있으니까요. 그리고서는 책을 기증받는 방법을 알려 달라 하세요. 저는 도서관을 시작할 때 가까운 동네 서점에서 정가 주고 사서 구비했어요. 당연히 그래야 한다고 생각했거든요. 도서관을 운영하면서 많은 책을 보다 보니 이런 책이 나오면 꼭 읽어볼 텐데, 하는 생각을 많이 했어요. 왜 이런 책은 없을까? 그렇게 생각하다가 제가 그냥 책을 내야겠다고 마음먹었고 결국 출판도 하게 되었습니다. 아직 다섯 종밖에 나오지 않은 햇병아리 출판사지만 입소문이 퍼져 재판에 들어가는 책이 나오는 등 재미있어요. 무엇보다 도서관 입장에서 책을 바라보다가 출판사 입장에서 바라보니까 또 다른 느낌이 생기더군요. 돈이 없어서 정말 책을 필요로 하는 곳은 보내 주고 싶어요. 그런데 그런 곳이 아닌데도 무턱대고 기증 요청을 하는 곳은 너무하다 싶습니다. 우리보다 훨씬 여유가 있는 곳인데도요.

상업적인 책 축제에 대한 우려

윤 책 축제장을 가보면 책을 싸게 파는 행사가 많던데요. 독자들에게는 값싸게 구입할 기회가 있어 좋을 것 같기도 하지만 이게 지나치면 떨이 상품을 판매하는 상업적 행사로 변질될 우려도 있어요. 누구를 위한 축제인가도 매우 중요합니다. 방문하는 관람객도 만족시키고 관련 산업의 부흥이라는 경제 효과도 간과해서는 안 되죠.

김 저희도 우리 축제가 판매전으로 전락할까 신경을 많이 씁니다. 나오는 출판사에게 도서정가제를 지켜 달라, 지나친 할인을 피해 달라 요청하지만 부스비를 낸 출판사 입장을 감안하면 그게 쉽지 않더군요. 더구나 요새 출판계가 워낙 불황이라 이런 기회를 통해서라도 매출을 올려야 하는 절박함이 있어요. 1인 출판사 같은 경우는 인터넷 서점이나 대형 서점에 입고 자체가 힘들어 이런 기회 아니면 판매와 홍보를 할 자리가 없습니다. 출판사가 잘 돼야 우리도 잘되기 때문에 출판사 요구를 많이 들어주려고 노력합니다. 그런데 그렇게 싸게 판매하는데도 현장에서 인터넷으로 조회하고 온라인 서점이 더 싸다고 가버리는 독자를 보면 얄미워요. 요새는 독자가 무슨 출판사가 나오느냐고 물어보고 방문하는 사람이 늘어났어요. 그래서 출판사도 독자와 소통하는 문화프로그램을 갖고 나와야 해요. 행사가 끝나고 저희가 매출을 조사하는 경우가 있어요. 윤 선생님 말씀대로 그것은 이 축제를 통해 경제 효과를 추정하고 더 나은 축제를 만들어가려는 기초 자료를 조사하는 것인데 일부 출판사는 매출이 많으면 참가비를 올리려고 하는구나 하고 오해하는 경우가 있어요. 이 기회를 통해 그건 아니라고 말씀드리고 싶습니다.

축제 평가에 관한 다양한 의견

박　축제에 대한 일반적인 얘기를 해보죠. 축제 평가는 어떤 식으로 이루어지나요?

윤　문체부에서 전국 대표축제에 전문가를 보내 평가합니다. 그 평가를 토대로 점수를 매겨 대표축제, 우수축제 등으로 선정하여 지원금을 주죠. 평가 기준에서 가장 크게 보는 것은 수요자 주도성입니다. 즉 '축제의 주인공이 될 사람이 어떻게 연결되어서 소통 채널을 갖고 주인이 되어가는가', '그들의 의견이 얼마나 반영되는가'가 성장 속도에 대한 장기적인 전망을 결정합니다. 그것이 없으면 온실 속의 화초죠. 토양이 튼튼해야 합니다. 그런 생태계를 만들고 축제의 자생적인 성장을 위해 마을 축제에 관심이 많아요. 지역민들이 스스로 만들어가는 것이 중요합니다. 이제는 주민 참여형이 아니라 주민 주도형의 축제가 되어야 해요. 이것은 시간이 오래 걸린다는 단점이 있는데 그렇더라도 우리가 헤쳐나가야 할 방향입니다.

김　　공감합니다. 축제의 평가 방법에 있어서는 좀 불만이에요. 작년에 지적되었던 사항이 올해 개선되었느냐, 장기적인 비전을 만들어가느냐에 초점이 맞추어지는 데 평가위원이 바뀌고 하루만 보고 가니 제대로 된 평가가 나오기 힘들죠. 동일한 사람이 연속성을 갖고 평가했으면 하는 아쉬움이 있습니다.

황　　저희 같은 도서관에서 만들어지는 축제는 매우 작은 축제지요. 기획하기도 쉬워요. 축제를 꼭 해야 한다는 부담감이 없으니까 평소에 하던 프로그램을 좀 더 여럿이 한다고 생각하는 정도예요. 축제는 과정이라고 생각해요. 의논할 때부터 각자 집에서 먹을거리 준비해 와서 수다 떨며 준비해요. 얘기하다 보면 '그건 내가 할게, 이건 누가 해' 하고 자연스럽게 정해집니다. 큰 도서관에서는 결코 할 수 없는 작은 도서관에서만 할 수 있는 일입니다. 지역민들과의 네트워크가 잘 되어 있는 것이 우리의 자랑입니다. 저희 도서관은 평소에 프로그램이 많거든요. 단순히 책을 대출해주는 일은 도서관이 하는 가장 작은 일이라고 생각해요. 문화 프로그램을 많이 만들어 함께 해야 한다고 봐요. 우리 도서관의 특징은 아이 혼자 하는

김인자 작가와 놀기
축제는 그저 축제여야 합니다. 웃고 신 나게 노는 것이 축제의 본질입니다.

용인작은도서관협의회 축제
축제의 주인공은 바로 당신입니다. 조금 틀리면 어떻습니까? 우리끼리의 잔치인데요. 열심히 준비하는 모습이 아름답습니다.

프로그램이 별로 없어요. 대부분이 부모와 함께 하는 것입니다. 그래야 서로 소통하며 책에 대한 사랑이 높아져요. 아이를 맡겨놓고 따로 활동하는 부모는 저에게 혼나요(웃음).

윤 맞습니다. 그게 축제죠. 서울시의 행사를 민간단체에 많이 이양하라고 건의합니다. 축제를 만들어나가는 주체는 시민이어야 죠. 그리고 그것을 조정할 기획자가 있어야 합니다. 결국 사람이죠. 제가 나가는 대학에 축제를 기획하고픈 젊은 친구가 많습니다. 이 분야가 미래에 대한 비전이 있습니다. 인력에 대한 수요도 증가하고 있고요. 그런데도 자꾸 주저하게 되는 것은 토양이 매우 약하다는 점이죠. 계산해보니 저 같은 기획자가 되기 위해 20년 가까이 수백억을 썼더라고요. 국가로 치면 조종사 몇 명을 키운 꼴이죠. 아티스트는 자기가 좋아서 자기 분야를 즐기며 하지만 문화매개자는 더욱 깊은 인내가 필요합니다. 안정된 자리까지 오르기 위해 그 과정을 버티고 견뎌내야 하는데 현실은 너무 어렵습니다. 그래서 협동조합 시스템이 필요한 것입니다. 그리고 적시 적소에 그 인력을 배치할 중간 조직이 필요해요.

김 저는 축제와 문화 기획에 대해 관심이 많아 배울 곳을 알아보았지만 가르쳐 주는 곳이 없었어요. 지금은 많이 늘었지만요. 주로 대학원 중심이었는데 해외 서적을 발표하는 수준이었지요. 실무는 결국 현장에서 많은 경험을 토대로 쌓아 가는데 이 과정에서 대부분이 포기해요. 급여와 복지 등의 수준이 기대 이하니까요. 다른 분야로 간 친구들과 비교해보면 좌절할 수밖에 없어요. 그것이 이 분야에 남자가 없는 이유이기도 해요. 한 가정을 책임지는 가장으로는 생활이 안 되죠. 또 그것마저도 단기 계약직이라 축제가 끝나면 옮겨 다니는 일이 다반사입니다. 스태프가 자주 바뀐다고 참가사들이 불만을 말씀하시는데 다 이런 이유에서지요. 일 년에도 몇 번씩 이력서 쓰는 게 일이랍니다. 그래서 급여가 적어도 안정적인, 정확히 말하면 계약 기간이 긴 자리를 원합니다. 지적 재산권에 관한 일을 하는데도 정작 기획자는 거기에 맞는 대우를 받지 못해 서글플 때가 많아요.

앞으로의 계획은?

박 도서관 프로그램과 축제 기획을 할 문화 기획자를 많이 육성하는 일이 우리의 또 다른 의무가 아닌가 생각합니다. 도서관 사서 선생님들이 직접 기획하도록 우리가 가진 노하우를 알려드릴 기회를 많이 만들어보죠. 끝으로 각자 맡은 분야에서 앞으로의 계획에 대해 말씀해주세요.

황 축제에 대해 부정적인 시각도 있었어요. 형편없는 프로그램을 보면 큰돈 써 가며 이게 무슨 예산 낭비인가 하고 생각했는데 축제 준비 과정의 이야기를 들어보면서 준비하신 분들의 고충도 이해하게 되었고요. 과연 어떤 것이 좋은 축제인가를 다시 한 번 생각해보았습니다. 아이들에게 책을 읽으라고 강요하면 안 되죠. 그럼 어떤 방법으로 아이들에게 흥미를 줄 수 있을까요. 책보다 더 재미있을 TV, 컴퓨터 게임, 스마트폰 등이 우리 주위에 널려 있는데요. 이것들과 견주어 이길 만한 재미있는 프로그램을 많이 만들어야죠. 그리고 그것을 축제로 이어지게 하는 길밖에는 없어요. 아기자기하고 재미난 프로그램을 많이 만들겠습니다.

윤 일반적인 축제를 기획하고 평가하다가 책 축제에 대한 이야기를 들으니 색달랐습니다. 책은 생산자인 저자와 출판사, 판매자인 서점, 이용자인 도서관, 소비자인 독자 등 몇 분야가 서로 복합된 구조입니다. 다른 분야는 생산자와 소비자라는 간단한 구조예요. 여러 분야가 서로 제대로 맞물려 갈 때 비로소 큰 힘을 낼 수 있습니다. 아울러 축제라는 것이 가진 특성, 예컨대 현실에서의 일탈성, 놀이로서의 유희성 등의 성격을 책이라는 매개물을 통해 얼마나 제대로 구현해 내는가에 그 축제의 성패가 달렸다고 봅니다. 책이 워낙 다양하고 방대한 콘텐츠를 가진 이상 다른 어떤 축제보다 성장 가능성은 무궁무진하다고 생각됩니다.

김 저희 와우북은 책 축제와 문화예술 축제의 애매한 경계에 서 있어요. 그게 장점이 될 수도 있지요. 홍대 앞에서 하는 다른 축제와 비교해보면 낮에 진행하는 프로그램이 많아요. 민원도 적은 편이고 구청 분들과도 호흡이 잘 맞습니다. 출판사들의 다양한 문화 콘텐츠를 넓혀 나가려 해요. 작년에는 와우북 외에도 울산의 한글문화축제, 힐링축제, 서울시민청 책시장 등을 진행했고 기적의 책꽂이 등 기부문화 캠페인도 벌이고 있습니다. 축제에 대한 예산이 적어져 어렵지만 그만큼 자원봉사자와 재능 기부자들이 도움이 큰 힘이 됩니다. 앞으로도 저희 와우책문화예술센터 많은 사랑 부탁드립니다.

박 오늘 세 분 함께 이야기 나눈 시간, 정말 소중한 시간이었습니다. 출판사와 도서관, 문화기획 단체 등 책을 통해 만난 우리가 뜻하는 바는 결국 한 가지인 것 같습니다. 우리가 사랑한 것은 책이 아니었습니다. 책을 사랑하는 사람이었습니다. 열정과 사랑으로 앞으로도 좋은 모습 보여주십시오. 감사합니다.